资助项目：
山西省哲学社会科学规划课题（2021YJ022）
山西省高等学校哲学社会科学研究项目（2021W079）
山西省科技战略研究专项课题（202104031402088）
教育部人文社会科学基金青年项目（22YJC790142）

全球价值链视角下
制造业投入服务化对中国制造业
出口升级的影响研究

吴云霞◎著

RESEARCH ON THE IMPACT OF MANUFACTURING SERVITIZATION ON

CHINA'S MANUFACTURING EXPORT UPGRADING FROM THE PERSPECTIVE OF GLOBAL VALUE CHAIN

经济管理出版社
ECONOMY & MANAGEMENT PUBLISHING HOUSE

图书在版编目（CIP）数据

全球价值链视角下制造业投入服务化对中国制造业出口升级的影响研究／吴云霞
著. —北京：经济管理出版社，2023.3（2023.8 重印）
ISBN 978-7-5096-8977-6

Ⅰ.①全…　Ⅱ.①吴…　Ⅲ.①制造工业—服务经济—影响—出口贸易—研究—
中国　Ⅳ.①F426.4

中国国家版本馆 CIP 数据核字（2023）第 053506 号

责任编辑：高　娅
责任印制：黄章平
责任校对：蔡晓臻

出版发行：经济管理出版社
　　　　　（北京市海淀区北蜂窝 8 号中雅大厦 A 座 11 层　100038）
网　　　址：www.E-mp.com.cn
电　　　话：（010）51915602
印　　　刷：唐山玺诚印务有限公司
经　　　销：新华书店
开　　　本：710mm×1000mm /16
印　　　张：12
字　　　数：197 千字
版　　　次：2023 年 3 月第 1 版　　2023 年 8 月第 2 次印刷
书　　　号：ISBN 978-7-5096-8977-6
定　　　价：98.00 元

前 言 PREFACE

自从加入 WTO 以来，中国顺应价值链全球布局的大趋势，积极参与到全球价值链贸易中，推动了制造业出口。党的二十大报告也强调要推进"高水平对外开放"，主动应对全球生产分工新体系。但从现实来看，我国在全球价值链分工中长期以加工制造为主，依然处于全球价值链的低端位置，导致企业实际出口中的国内增加值较低，制造业出口获益受限。随着新一代信息技术和"互联网+"应用的日益广泛和深入，具有高质量、高技术和高附加值含量的服务要素对制造业的渗透和支撑作用日益凸显，全球制造业呈现出从"生产型制造"向"服务型制造"转型的制造业服务化趋势，这为推动中国制造业出口升级以及价值链攀升提供了突破口。本书正是以此为切入点，根据理论和机制研究—现状研究—实证研究—对策研究的研究范式，考察在全球价值链框架下制造业投入服务化对我国制造业出口升级的影响，并探究其内在机制，进而在此基础上提出一些具有针对性和可行性的政策建议。全书具体的研究内容主要概括为以下部分：

第一，理论和机制研究。基于有关理论的研究框架，从数理推导上就制造业投入服务化对制造业出口升级的作用机制进行了分析，证明研发创新、成本效应和生产分工效应是制造业投入服务化对中国制造业出口升级的作用渠道，为后文的实证分析提供理论支撑。

第二，现状研究。采用消耗系数测度的制造业投入服务化指标和贸易附加值分解框架下的制造业出口内涵服务量对我国制造业服务化的现实情况从多角度进行了描述，并与几个重要国家进行了比较分析；在全球价值链背景下，在将中国制造业出口升级分解为全球价值链位置、全球价值链参与度、出口国内附加值率等指标的基础上，多角度地从行业和国家层面全面系统地分析中国制造业出口表现。

第三，实证研究。在理论和机制研究及现状研究的基础上，主要采用计量经济学中的相关方法，从行业和企业两个层面对在全球价值链背景下的制造业投入服务化对中国制造业出口升级的影响进行实证分析，并在理论基础和作用机理的支撑下，通过构建中介效应模型进一步分析制造业投入服务化是如何影响中国制造业出口升级的，以此揭示其可能的影响渠道。

第四，对策研究。基于以上现状和实证研究得出的主要结论，围绕制造业投入服务化对中国制造业出口升级的影响和作用渠道，提出相应的对策建议。

本书主要的研究结论是：

就中国制造业投入服务化现状而言，中国制造业服务化趋势增强，并且依据制造业要素密集度的不同呈现不同的服务化现象。中国各制造业异质服务投入结构比例基本趋同，表现为传统服务要素投入（分销和运输服务化）占据较大比例，而现代化的服务要素投入（电信服务化和金融服务化）占比较小，且各制造行业服务含量的国内来源要远远高于国外来源。

就中国制造业出口现状而言，中国在国际生产分工网络中，更多地依赖外国中间品的进口去完成最终品，所以中国主要以后向参与的方式融入全球价值链（Global Value Chain，GVC）的生产网络。但是 GVC 前向参与度呈现波动上升的趋势，GVC 后向参与度呈现下降的态势。中国在全球价值链中的分工地位在逐渐上升，但是上升过程较为缓慢。中国制造业总体出口国内附加值率（DVAR）呈现先下降后上升的变动趋势。各制造业根据要素密集度分类呈现不同的出口特征。目前，中国制造业服务化水平整体较低，但仍具有很大的提升空间。

从行业层面的实证分析来看，制造业投入服务化与中国的全球价值链参与度呈现"倒 U 型"关系；制造业投入服务化对中国制造业在全球价值链中的分工地位产生显著的正向促进作用；制造业投入服务化与中国制造业出口国内附加值率之间存在显著的"U 型"关系。综合来看，用不同的指标来考量中国融入全球价值链的状态得到的结果是存在差异的。制造业投入服务化对中国制造业出口升级确实起到一定促进作用，但是制造业服务化发展程度的不同对中国融入全球价值链并逐渐实现出口升级这一过程产生的影响是存在阶段性特征的；制造业投入服务化依据服务要素来源、服务投入类型和行业要素密集度分类的不同，会对中国制造业出口升级的影响产生差异性；作用机制检验表明，研发创新和生产分工是制造业投入服务化对制造业出口升级的作用渠道，但是生产分工这种中介效应的传导作用在减弱。

从企业层面的实证分析来看，制造业投入服务化与企业出口产品质量之间呈现"倒 U 型"关系；制造业投入服务化对企业出口产品质量的影响具有明显异质性，依赖于企业贸易方式、所在地区、所有制形式、服务要素来源和服务要素投入类型；作用机制检验表明，研发创新、成本效应和生产分工效应是制造业投入服务化影响制造企业出口产品质量升级的可能渠道。

目 录 CONTENTS

第一章

导　论

第一节　研究背景与研究意义

一、研究背景

当前，"服务型经济"成为全球经济发展的新趋势，以往的由"工业型经济"发展而带动起来的制造企业也逐渐进行转型，逐步将产业链以制造为中心向以服务为中心转变，进而提升竞争优势。诸如通用汽车公司、飞利浦公司、IBM 公司等一些世界级制造业企业，纷纷通过业务转型和服务模式创新提升竞争力。中国作为制造大国，商品的出口和进口体量都很大，全球价值链的参与度非常高，但制造业普遍大而不强，总体上仍处于全球价值链的中低端位置。在这其中，制造业服务化水平不高是重要因素之一。随着我国劳动力成本优势的减弱和西方制造业回流加快，中国制造业出口面临着双重挤压。制造业服务化作为破解中国出口之困的重要手段，不仅有助于引领制造业向价值链高端攀升，而且有利于培育新的经济增长点，实现高质量发展。鉴于此，本书将研究背景主要概括为以下几方面：

（一）对接《中国制造 2025》

在全球制造业从"生产型制造"向"服务型制造"转型过渡的进程中，制造业服务化成为重要的表现形式。我国为建造制造强国实施的《中国制造 2025》战略就明确了制造业要朝着高端化、智能化、绿色化和服务化的总体导向去发展。而且特别指出制造业服务化是《中国制造 2025》的战略支撑，也是"中国制造"迈向"中国创造"的重要保障。黄群慧（2017）也表明制造业服务化意味着制造业向价值链的高端发展，制造业服务化与制造业转型升级密切相关。工业和信息化部为贯彻落实《中国制造 2025》，于 2016 年 7 月联合国家发展和改革委员会、中国工程院发布了《发展服务型制造专项行动指南》，明确指出在新一代信息技术和"互联网+"应用日益广泛和深入的背景下，制造业企业要通过创新优化生产组织形式、运营管理方式和商业发展模式，不断增加服务要素在投入和产出中的比重，从以加工组装为主向"制造+服务"转型，从单纯出售产品向出售"产品+服务"转变，进而延伸和提升价值链，提高全要素生产率、产品附加值和市场占有率，努力实现与制造强国战略进程相适应的服务型制造发展格局（许和连等，2017）。

（二）参与全球价值链贸易

全球价值链（GVC）推动了国际贸易的迅猛增长。虽然自 2008 年全球金融危机以来，贸易增长乏力，全球价值链扩张放缓，但是 GVC 贸易仍然占据了全球贸易的半壁江山（见图 1-1）。当今世界，全球价值链分工更是到了一个大数据、云计算、移动互联网、物联网、智能创造、区块链等技术应用大幅增加的新阶段。在全球价值链分工条件下，每一环节均在成本相对更低或者效率相对更高的国家或地区完成，从而实现国际分工收益的最大化。新一代的国际制造基地和出口大国也随着全球价值链分工而被造就出来。

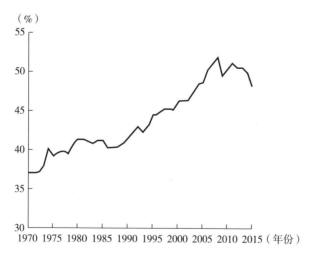

图 1-1　GVC 贸易占全球贸易的份额变动趋势

资料来源：World Bank. World Development Report 2020——Trading for Development in the Age of Global Value Chains ［EB/OL］. http：// documents. worldbank. org/.

当前全球价值链分工呈现两个重要特征：一是大量的中间品贸易活动；二是大量要素的跨国流动。就中间品贸易现象而言，表现为随着国际分工的深化，生产链逐渐延长，产品的生产流程会被拆分为不同的生产环节，不同国家（地区）依靠其竞争优势来参与对应的生产环节，由此产生了大量中间品的跨国流动。诸如中国从日本、韩国等国家进口中间产品，加工组装后再出口到其他国家，这种"体外循环、大进大出"的加工贸易模式会导致中国进出口体量中有相当大的部分是中间品贸易。从大量要素跨国流动来看，在全球价值链分工条件下，大量生产要素（资本、人才、技术等）以国际直接投资为载体，流入东道国中，与东道国的本地属权要素相结合，成为东道国生产扩大和出口增长的重要来源。对于东道国而言，大量生产要素的流入对于出口规模的扩大与经济增长发挥着重要作用。诸如我国以低成本优势和政府优惠，吸引了大量国外生产要素的流入，形成了较强的生产和出口能力。

进一步说，全球价值链分工给发展中国家融入世界经济提供了新的机会，中国顺应价值链在全球布局的大趋势，积极参与到全球价值链贸易中，推动了制造业出口。但是就现实情况而言，中国企业大部分仍处于加工组装环节，造成对生产服务的需求大多停留在低端服务领域，对制造业的渗透力和支撑作用还很有限（夏杰长，2015），导致企业实际出口中的国内增加值较低，制造业出口获益受限。

（三）方兴未艾的制造业服务化

在全球范围内，不管是发达国家还是发展中国家，制造业服务化已经变成全球价值链的普遍现象。具体看来，在全球价值链中，有相当一部分服务是嵌入生产制造流程中，通过货物贸易进行间接交易的，货物的出口中包含着服务的成分，服务要素在全球价值链的生产环节中作为中间投入品被越来越多地使用，成为生产过程中不可或缺的要素。以汽车为例，国内的汽车生产包括工程服务、物流服务、金融服务等，而这些服务最终将以汽车为载体，随着汽车的出口而实现间接出口。WTO公布的《2014年世界贸易发展报告》也指出通过前向和后向联系计算的嵌入制造品出口中的服务比例越来越大。这种服务嵌入制造业的现象产生了制造业的服务化，成为全球价值链的重要特征。尤其是全球价值链中的研发设计、金融服务、电信服务等服务要素，具有知识技术密集度高、附加值高等特点，逐渐成为全球价值链中的主要增值点和结构升级的突破口。全球价值链中各个环节的服务保障了制造业生产过程的连续性。更重要的是，这种服务提高了不同阶段的增加值和价值链的运行效率，有助于制造业和服务业更高水平、更深层次地融合与互动，对专业分工的进一步细化发挥了推动作用。这对全球价值链的形成，特别是传统制造业价值链的重塑做出了重大贡献，促进了产业结构向价值链高端提升（耿楠，2015）。虽然我国在全球价值链中的融入程度不断加深，但是分工地位并不高。尤其是研发、通信、保险、金融等高端生产性服务的发展与发达国家相比，仍然存在较大差距。因此，我国需要发展这种制造业服务化来推动中国制造业的出口升级，使其成为价值链攀升的重要突破口。

二、研究意义

（一）理论意义

丰富和补充了相关理论。其一，制造业的出口升级问题作为贸易领域的重要研究问题之一，诸多学者已基于不同的视角和经济学理论来研讨中国制造业出口升级。随着全球价值链理论的日渐发展，本书试图基于全球价值链框架对制造业出口升级做出解释，对于现有的全球价值链理论和制造业出口升级理论也是一种补充，具备一定的理论价值。其二，制造业的出口升级可以通过多种途径，但本书试图从制造业服务化的角度来研究其对制造业出口升级的影响，进一步完善了制造业出口升级理论。其三，本书试图从数理推导上去构建制造业服务化，探讨其通过研发创新、成本效应和生产分工效应等中介机制影响制造业出口升级的机理，为制造业服务化对制造业出口升级的影响提供了理论支撑。总之，可以说本书对贸易理论框架的补充和完善具有重要意义。

（二）现实意义

第一，有利于切实提出促进我国制造业出口升级的对策建议，优化贸易结构。在参与全球价值链的国际分工背景下，中国始终被锁定在低附加值的价值链环节中，面临如何突破这一障碍，改善出口现状，向价值链的高附加值环节攀升，提升贸易收益等一系列问题，制造业服务化可能是个重要突破口。本书通过对制造业服务化现状的分析和比较，充分认识到我国制造业服务化当前的状态，并在实证分析的基础上看到不同服务投入对制造业出口升级的影响力度，进而有针对性地制定贸易政策，促进制造业的出口升级。

第二，强调服务这一要素对制造业投入的重要性，有利于加强制造业与服务业的深度融合。一是增加制造业生产中的服务要素投入，可以促进企业向研发、设计等价值链上游扩展，进而提高出口产品附加值和产品质量。二是可以促进制造业企业围绕产品功能扩展服务业务，向营销、售后等服务下游延伸。这样两种渠道一起发挥作用，对提升中国在全球价值链贸易中的地位和收益有重要意义。

第二节　国内外研究综述

一、关于制造业服务化的研究

（一）对于制造业服务化内涵的研究

国外对制造业服务化的研究起步较早。随着学术界对此项研究的兴趣日渐浓厚，国外诸多学者对"服务化"的内涵与外延进行了不同的界定与解释。就目前来看，关于制造业服务化的内涵与外延的界定与解释可以归为四类：一是瑞士学者 Vandermerwe 和 Rada（1988）提出的服务化（Servitization）概念。此二人被学术界认为是服务化概念的最早提出者。他们认为服务化是指制造业由仅仅提供物品（或包括附加服务）向提供物品和服务构成的"产品—服务包"的转变过程。完整的"包"（Bundles）包括物品、服务、支持、自我服务和知识，并且服务在整个"包"中居于主导地位，是增加值的主要来源。其后，Robinson 等（2002）和 Van Looy 等（2003）学者在研究中沿用此概念。二是 White 等（1999）和 Reiskin 等（2000）将服务化（Servicizing）看作制造企业从提供产品到提供服务的一种动态转变过程。三是 Mont（2000）提出产品服务系统（Product-servicesystem）的概念。他认为该系统是由产品、服务、参与者网络和基础设施等要素组成的系统。这样的商业模式可以使企业保有竞争力，满足客户需求，对环境的影响也较小。Ren 和 Gregory（2007）提出服务化就是制造企业为获取竞争优势，促进企业绩效，从而以服务为导向，开发更多、更好的服务来满足客户需求。四是 Szalavetz（2003）提出第三产业化（Tertiarization）的概念。它包含两方面的内容：一是投入服务化；二是产出服务化。投入服务化，即与产品生产过程相关的企业内部服务对企业的影响已经超过了传统因素的作用力。产出服务化，即与产品有关的外部服务逐渐复杂化，且对客户越来越重要。因此，制造企业还必须提供客户购买时的金融服务、运输、安装、系统组装、最大化产品效益的技术性建议和相关操作技术支持的服务。

国内学者也开展了大量卓有成效的研究。孙林岩等（2007）提出服务型制造，他们认为要实现制造价值链条中的价值增值，就要将产品和服务相融合，实现制造资源的整合和协同发展，进而形成先进的制造模式。蔺雷和吴贵生（2007）提出"制造业服务增强"一词，他们认为可以从两个方面来理解"服务增强"。一是基础性增强，其强调的是产品在销售过程中配备的服务有助于增加产品的销量，提高其市场竞争力，进而提升企业绩效。二是提升性增强，就是在产品生产中投放高附加值的服务要素，会实现产品的价值提升。随着研究的日渐深入和规范化，诸多学者从制造业服务化的投入和产出角度进行阐释。其中，周大鹏（2010）认为，制造业服务化是在制造业的投入和产出活动中，服务要素比重日益增加的一种经济趋势。刘继国和李江帆（2007）、刘斌等（2016）学者指出制造业服务化是企业为获取竞争优势，改变策略，将价值链从以制造为中心转向以服务为中心。他们认为制造业投入服务化意味着在制造生产过程中间投入的实物要素比重下降，服务要素比重上升。就产出服务化而言，则是整个产出从以实物产品为主转向以服务产品为主的现象。不同于前述学者的解读视角，黄群慧（2014）提出从"场所"的角度来解释制造业服务化。他认为制造业服务化可以划分为企业内部与外部的服务化，即企业内部服务化会强化企业内部功效，有利于实现范围经济；制造企业外部服务化意味着企业的扩张，有利于获取规模经济。内外部服务化有利于巩固制造业在产业结构中的主导地位。

从上述的归纳梳理中发现，制造业服务化并未形成统一的概念，但是随着时代的发展，制造业服务化的内涵和外延也在逐渐地演化发展。

（二）关于制造业服务化动因的研究

通过对国外学者研究成果的总结，可以发现制造企业采取服务化战略的主要原因为：一是满足顾客需求，二是创造竞争优势，三是增加经济收益，四是改善环境绩效。就满足顾客需求而言，Vandermerwe 和 Rada（1988）认为随着经济的发展，顾客需求的不仅是商品本身还有伴随商品而来的一系列服务。随后诸如 Brown（2000）、Van Looy 等（2003）、Oliva 和 Kallenberg（2003）等学者也认为服务化很大程度上受顾客需求的驱动。"物品—服务包"才能满足顾客的期望。从创造竞争优势来看，企业为增强竞争力会把服务看作是新的商机，将服务作为差异化的工具，以此来延伸产品的生命周期。White 等（1999）通过研究一些企业的案例发现，不管是技术变化快的企业还是技术变化慢的企业，寻求服务化策略都是使企业在市场不被淘汰甚至是获得竞争优势的很好的选择。诸如 IBM 等这类技术变化较快的企业，服务取向是它们在各自市场上生存的战略。而 Coro 和 DuPont 等这类技术变化较慢的企业，它们实行服务化战略，一是适应了既有业务方式的演进，二是在既有业务基础上寻求新的市场机会。类似地，Robinson 等（2002）等以化学品行业为研究对象，发现在传统的成本取向的行业中，服务化战略是创造差异化优势的重要手段。将增加经济收益作为推动服务化的原因之一是与物品相关的服务能够增加收益（Mathieu，2001）。这是因为服务通常比物品有更高的利润，服务提供了更为稳定的收益来源。而且制造企业将服务整合到产品中，就会使顾客群伴随整个产品生命周期，由此获得相当部分的收益（Oliva 和 Kallenberg，2003）。改善环境绩效是一些制造企业，尤其是化工企业实行服务化战略的推动力。服务化战略可以降低资源消耗与环境污染的程度。White 等（1999）研究发现，有些制造业企业实行服务化战略就是致力于改进企业产品的环境性能。

我国学者对制造业服务化的驱动力也给出了解释。其中，代表性观点是简兆权和伍卓深（2011）认为制造企业实行服务化的动力在于其外部环境中竞争环境与消费环境的改变。竞争环境的改变表现为当下服务业务的附加价值超过了加工制造业务，单纯地以制造出售产品已经不能迎合消费者的需求，企业获益能力有限。消费环境的改变是指消费者更看重"产品+服务"的组合，不再满足于产品本身所带来的消费感。正是这样的外部环境的改变，刺激企业进行服务化转型。何哲和孙林岩（2012）基于边际效益与要素投入之间的关系分析了我国制造业发展面临转型的原因，认为服务要素的投入可以促进制造企业提升研发水平，提高企业的市场竞争力和盈利能力。这是由于服务与制造的融合会使盈利时间点从过去的单一时间点转变为产品的整个生命周期，也就是说产品的每个生命阶段都会给企业带来利润收益。同时，盈利范围也随之向全方位、多层次服务支持扩大。此外，两位学者也认为随着市场的透明化，交易成本下降。这样一来，企业在满足消费者不同类型的产品服务需求方面就会有更多的发挥空间，进而也推动了服务化的产生。安筱鹏（2012）指出正是由于产业分工的深化促成了制造业服务化现象。由于产业分工的深化，对配套服务需求愈发强烈，进而带动生产性服务业的发展，为制造业生产提供重要保障。当然制造业服务化对服务的价值是有要求的，要具备稀缺性、不可模仿性和内部通用性，这样价值的服务才更能促进制造企业服务化，进而实现客户需求效用化、产品功能复杂化、流通模式可视化和柔性化。黄群慧和霍景东（2014）采用实证研究，发现制造企业所处价值链位置越高，服务业生产率越高，企业越倾向于采用服务化战略，并且技术创新和人力资本水平的提高、行业竞争程度的增强都能推动服务化。徐振鑫等（2016）认为制造业服务化是大数据时代下制造业发展的必然趋势，也是创新的载体和来源。

总结来看，国内外学者对制造业服务化的出现给出了合理的解释，从多方面分析了制造业服务化向前发展的原因。结合来看，制造业服务化现象是内外动力共同作用的结果，也就是说一方面是制造行业或者企业自身面临转型，另一方面是外部环境所趋。制造业服务化趋势是企业或者行业主动化和被动化的产物。

（三）关于制造业服务化水平测算方法的研究

当前对制造业服务化水平的测量，学术界也尚未形成统一的方法，主要的度量方法有五种：一是从整个行业层面，利用投入产出表中的数据计算整个制造行业服务投入的数量及结构（刘继国和赵一婷，2006；顾乃华和夏杰长，2010；黄群慧和霍景东，2013）。尤其是在世界投入产出数据库建立后，国内学者普遍将利用投入产出分析法（Leontief，1986）计算出的各制造业行业对服务的直接消耗系数和完全消耗系数作为制造业服务化水平的代理指标（杨玲，2015；王小波和李婧雯，2016；刘斌等，2016；吕越等，2017；许和连等，2017；周念利等，2017；马盈盈和盛斌，2018；邹国伟等，2018；夏秋和胡昭玲，2018；唐志芳和顾乃华，2018）。二是部分学者（程大中，2015；戴翔，2016；彭水军等，2017；王思语和郑乐凯，2018）采用贸易增加值核算方法来测度和分析当前全球价值链分工模式下中国制造业服务化投入水平的国别来源，可以较好地测度中国制造业出口中内涵的服务价值来源。三是通过对上市公司的经营范围进行分析，将其涉及服务的业务种类及数量作为测量标准。诸如 Lay 等（2010）利用欧洲制造业调查数据（EMS）筛选出企业的战略服务、生产的产品类型以及在供应链中的位置等指标作为制造业企业服务化水平的衡量标准。Neely 等（2011）通过对 13775 家全球制造业上市公司进行服务化研究，发现服务化已经成为一种趋势，中国服务化趋势上升较明显，但是与美国相比还是存在明显差距。闵连星等（2015）利用经营范围分析法，采用我国 2013 年沪深两市 A 股上市制造企业数据，将涉及不同服务的企业数量占所有制造企业数的比例作为某服务业务导入率，将至少涉及一项服务的企业数占所有制造企业数的比例作为整体服务化导入率，分析我国制造业服务化现状和特点。结果表明，我国制造业上市公司的整体服务化导入率很高，但是服务化程度由于制造企业所提供的服务类型、所属制造行业、注册地所在的区域、上市年限和上市板块的不同显示出差异性。四是以上市公司公布的服务业务收入占其总收入的比例为衡量标准（Fang 等，2008；陈洁雄，2010）。五是通过调查问卷方式，对制造企业各类服务化相关行为进行调查，以了解制造业服务化状况（刘继国和赵一婷，2008；安筱鹏，2012）。

通过对制造业服务化水平测算方法的总结，可以发现：前两种都是基于制造业投入服务化的角度。这两种测算方法都有其合理性，都是可以量化的。后三种都是基于制造业产出服务化的角度，对制造业服务产出的测算没有统一的标准，而且对于产出服务化的研究倾向于从微观企业角度考察，相关量化服务产出的数据较难获得。

（四）关于中国制造业服务化现状的量化分析

对于中国制造业服务化现状的量化分析是随着近年来世界投入产出数据库（WIOD）的出现展开的。诸如戴翔（2016）利用 1995～2011 年的世界投入产出数据，分析发现在这个时间区段内中国制造业出口内涵服务业增加值率呈现出逐步提高的趋势，且这种趋势由于要素密集度部门分类的不同表现出差异性。彭水军等（2017）通过比较分析1995~2011年中国制造业出口中的国内和国外服务业增加值，发现中国制造业服务化转型存在"以国内服务替代国外服务"的趋势。胡昭玲等（2017）利用WIOD2016年底公布的数据测算并分析了价值链分工三大区块的国家、金砖国家和其他典型国家制造业服务化的特征事实，发现中国低端服务化程度提升、高端服务化不足的现实。吕云龙和吕越（2017）对2000~2014年主要经济体各制造业行业出口中的服务要素含量进行考察分析发现，各经济体制造业的出口服务化水平均呈现增长的趋势。其中，中国和韩国制造业出口服务化水平较低，且低于印度、巴西等发展中国家；美国和德国的制造业出口服务化水平高于其他国家。吴永亮和王恕立（2018）在MRIO模型的基础上构建了开放经济条件下分析多国不同产业相互间增加值的投入产出框架，据此研究了2000~2014年中国制造业产出的国内及国外服务业增加值投入状况。研究发现，2000~2014年中国制造业服务化水平先降后升，关键时间节点是2008年。国内服务业增加值投入替代国外服务业增加值投入的时间节点在2006年，且2014年的服务化水平略低于2000年。

　　通过学者们对中国制造业服务化现状的考察不难发现，总体而言，中国制造业服务化水平在不断提升，服务化趋势日趋显现。

二、关于参与全球价值链的制造业出口表现的研究

（一）全球价值链视角下的出口升级内涵

　　多年来，全球价值链分工已经成为促进发达国家和新兴经济体增长的主要推动力。这个生产网络体系通过创造更有效率的生产过程，推动出口拉动型经济增长模式，进而带来更高的总体增加值、就业和收入。这个产生更高增加值的过程通常被称作升级。Kaplinsky和Morris（2002）将全球价值链生产模式下的出口升级总结为四种方式：流程升级、产品升级、功能升级、链条升级。这个研究结论也被学术界广泛接受。下面就四种升级形式展开阐述：

1. 流程升级

流程升级通常是指引入改良的生产方法，特别是通过生产流程的创新，进行生产系统的重组，或者引进新技术，提高价值链内部某环节效率（提高投入与产出的比率），更有效地将中间投入品转化为最终品。理论上，这种类型的升级也会提高生产的国内增加值占比和劳动生产率，因为生产一定最终产品所需的中间投入减少，尤其是当这一创新和知识资本有关时，可以带来更多的专利收入，也可以表现为应对外国生产商的竞争而产生的上游国内供应商的升级。

2. 产品升级

升级的另一种机制是从低技术含量、低附加值的产品向高技术含量、高附加值产品的升级。当企业在通过提升研发水平，增加产品技术含量，供应相比竞争对手具有更高的价值增加值产品的同时，还能够抓住时机，以比竞争对手更快的速度推出创新产品，就实现了产品升级。也就是说，企业通过销售更高价值的产品来增加利润，而不是移动到价值链的其他环节。这通常表现为通过价格，而不是通过（进口）替代效应或更高的劳动生产率来获取更高的国内增加值份额。

3. 功能升级

功能升级可以理解为改变价值链中的低端徘徊格局。功能升级往往与更高的劳动生产率相关，因为移动到价值链上创造更高价值的环节通常要求更高的技能，虽然生产率提高和利润增长高度相关，但利润仍然是企业在价值链上自我定位的主要动力。从企业的视角来看，升级可以是移动到价值链上劳动生产率较低而利润更高的环节，但这可能会减少企业在价值链终端最终产品总价值中所占的份额（即使最终产品的销售总额保持不变）。这也是为什么在使用产出的国内增加值数据来衡量出口升级时需要小心谨慎。

对于国家而言，功能升级是要增加国内生产总值，提高劳动生产率和增加就业。因此，政府进行干预的目的是激励企业升级到价值链上高技能环节（劳动生产率更高的环节），进而影响升级结果。例如，资本品进口的高关税会促使追求利润最大化的企业从事资本密集度低（通常劳动生产率也低）的生产活动，从而降低产出的国内增加值。

由于这些原因，在解读宏基总裁提出的著名的"微笑曲线"时需要十分小心。"微笑曲线"的诞生最早是为了说明我国台湾地区的电子产品在价值链上的位置。其刻画了典型制造产品的价值如何被分解成多个潜在的生产阶段或任务（见图1-2）。位于"微笑曲线"两端的任务通常在总价值创造中占据较大的价值份额，但是并不能由此推断出企业一定会在曲线两端的任务中寻求自我定位。

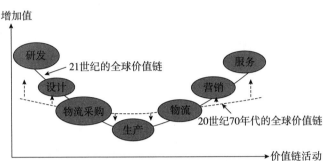

图1-2　20世纪70年代和21世纪全球价值链的微笑曲线

资料来源：《全球价值链发展报告（2017）——全球价值链对经济发展的影响：测度与分析》。

　　这同样适用于国家层面的升级，各国显然愿意企业定位在"微笑曲线"价值较高的两端，因为两端任务的劳动生产率通常也较高，但其他方面的考虑也在发挥作用。例如，当国家专注于加强社会包容、减少不平等时，可能会希望企业定位在曲线上创造更多就业机会的环节上。特别是当国家在这些环节具有比较优势，而且这种定位能带来高产出时。需要注意，在价值链上的定位既是一个绝对量的博弈（销售额），也是一个比例的博弈（增加值占比）。此外，占据产品总价值较低份额的活动并不等同于较低的生产率。例如，一些专业化、资本密集型的生产活动，虽然位于价值链上的制造环节，但劳动生产率较高。

　　功能升级并不仅仅是让现有企业移动到价值链的不同位置，在国家层面上，功能升级也包括新企业进入市场。这通常是由于价值链上的领导企业（往往是跨国公司）开发了新的供应链，从而为新的上游供应商进入者提供了间接进入国际市场的更便捷途径。这样就会使上游的国内供应链创造更多的价值。与此同时，增强企业的技术辐射和人力资本溢出，也会促进现有企业的生产流程升级和产品升级。通常，这会增加特定价值链环节出口中的国内增加值。因为新企业和现有企业利用比较优势（如距离较近）生产的中间投入，将替代竞争力较低的从国外进口的中间投入。这一过程凸显了为出口而进口和最终建立上游供应链之间的互补性。

4. 链条升级

链条升级是提升自己的技术水平，参与到更高价值含量的价值链当中去。可以认为是从价值量较低的价值链跃升到价值量较高的价值链当中去。当企业把从当前的链条中获得的知识和技能运用到可参与生产具有更高价值增加值的产品或服务的新全球价值链上时，就实现了链条升级。另一种解释是在价值链上占据越来越大的部分，同时获得越来越多的价值。低位价值链向高位价值链跃升之后，低位价值链继续保留，实现高低价值链的并存①。

（二）全球价值链背景下对出口升级相关指标测度的研究

1. 从增加值贸易的视角

面对全球生产分块化的国际贸易，传统的以贸易总值为基础的官方统计存在着不足，所以以贸易增加值为基础的新的统计方式应运而生。关于全球价值的相关指标的测算，都是建立在增加值分解的前提下的。Koopman等（2010）最早利用投入产出法将一国总出口分解为五部分，并在此基础上构建了 GVC 参与指数和 GVC 地位指数两个指标用来反映一国某行业在全球价值链分工中的参与程度和地位高低，以此判断产业的出口表现。Wang等（2013）和王直等（2015）以 WWZ 总出口分解方法为基础，将总出口值按照增加值来源分解为 16 部分，测算出了出口国内附加值比率。制造业出口中的国内附加值越高，说明一国制造业出口的质量越高，越有利于制造业的转型升级。进一步地，在此基础上构建了一国某部门新的显性比较优势指数。改进的显性比较优势指数测算思想是与以往一致的，只不过将总出口数据替换为出口中的国内增加值，这样可以更为真实地反映某部门的相对国际竞争力。

2. 从生产阶段数或生产链长度的视角

近些年，随着国际生产分工的深化和生产链条的延伸，对生产阶段数或生产链长度的测度引起学者的重视。Romero 等（2009）提出平均增值步长（APL）的概念，用产品增加值被计入总生产中的平均次数来表示，以此来衡量生产分割程度和经济复杂度。Fally（2011）提出了生产分割长度的概念，定义为产品从生产到消费的生产阶段数量，用参与产品生产序列工厂的加权平均数来表示。但该方法反映的只是一国国内生产情况，并不能

---

① 资料来源于商务部《中国推进全球价值链合作的研究与行动》。

诠释当下国家参与国际生产分工的事实。于是 Antras 等（2012）、Antras 和 Chor（2013）在此基础上进一步改进研究方法，将测度指标扩展到开放经济条件中，并命名为"上游度"（Upstreamness）。该指标的定义是特定行业区域中间品在成为最终需求品前所经历的生产阶段的个数，以此来反映特定行业在 GVC 中所处的位置。随着世界投入产出数据的问世，倪红福等（2016）进一步地将 Fally（2011）的单国模型拓展为全球投入产出模型，把全球生产阶段数分解为国内生产阶段数和国际生产阶段数。近年来，Wang 等（2017a）基于生产链的角度，从增加值前向生产分解测算的角度给出了前向参与率指标，又从后向生产分解测算的角度给出了后向参与率指标，从而刻画各国各产业在全球价值链中的嵌入程度。Wang 等（2017b）还基于生产链的角度，改进了价值链参与位置指数，从增加值前向生产分解测算的角度给出了前向生产长度，又从后向生产分解测算的角度给出了后向长度，进而用二者之比来刻画国家/部门层面的价值链位置指数。

除上述指标外，在现有的研究中，还有学者用出口产品技术复杂度和出口产品质量来衡量参与全球价值链的出口表现。其中，出口产品技术复杂度强调的是产品间的水平差异。代表性学者是 Hausmann 等（2007），他们构建了出口技术复杂度指标，认为产品或者国家的出口技术复杂度越高，越具有竞争优势，越能展示出口升级状况。随后，杜传忠和张丽（2013）、刘维林等（2014）沿用此指标进行了系列分析。刘琳和盛斌（2017）将 Hausmann 等（2007）的出口技术复杂度指标中用到的总出口修正为国内增加值，以期在剔除出口品中进口品价值的前提下，更为精准地测算出口的国内技术复杂度。对于出口产品质量而言，其强调的是产品内的垂直差异，也就是同一产品不同种类的差异。限于研究数据和测度方法的局限性，对于中国出口产品质量的实证研究近年来才得以推进和发展。国外学者最早青睐于用产品价格来衡量产品的质量，主要的代表性学者是 Hummels 和 Skiba（2004）以及 Hallak（2006）。但是将产品质量和产品价格对等起来，确实存在一定的局限性，毕竟价格还蕴含着成本信息。随着研究的日益广泛和深入，Hallak 和 Sivadasan（2009）、Khandelwal 等（2013）综合考察产品的价格和数量，利用事后推理的逻辑测算产品质量。他们认为，如若两种产品的价格相同，则市场绩效越好的产品其质量亦越高。这种测算产品质量的方法简单来说就是给定产品的价格和数量，利用计量经济学的手段去逆向推算产品质量。随后，该方法得到学者的认可，被广泛效仿，如施炳展（2013）、施炳展和邵文波（2014）以及 Gervais（2015）。所以不管是出口技术复杂度还是出口产品质量要求均是微观产品数据才可以展开实证分析研究。

（三）参与全球价值链的中国制造业出口表现的量化分析

基于上述测度方法，国内学者对中国制造业出口表现进行了一系列量化考察。诸如周升起等（2014）采用 KPWW 的分解方法，测度了 1995~2009 年我国各制造行业的全球价值链地位指数，发现我国劳动密集型制造行业在全球价值链分工中的地位要高于其他要素禀赋行业。王岚（2014）基于附加值贸易框架，通过测度 1995~2009 年中国制造业出口中国内价值增值在出口中的比例来考察中国制造业在全球价值链分工中的参与度和分工地位。发现我国制造业的国际分工地位经历了先下降后上升的"V 型"发展轨迹，并证实了各行业参与全球价值链模式的不同导致其对不同技术层次行业国际分工地位的影响存在差异。就中国的中低技术制造业来看，其融入程度越深越有利于提升国际分工地位。而对于中高技术行业而言，参与全球价值链分工的"锁定效应"十分明显。刘琳（2015）测度了中国整体及三类技术制造业行业参与全球价值链的程度及其在国际分工中的地位。研究结果表明，1995~2011 年中国参与全球价值链的程度逐年增强，但中国整体仍处于全球价值链的下游位置，在国际分工中的地位较低。还有诸如程大中（2015）、王岚和李宏艳（2015）、闫云凤（2015）、李跟强和潘文卿（2016）、吕越等（2017）、余珮（2017）等学者围绕 GVC 参与度和 GVC 位置指数等指标开展相关研究。

倪红福等（2016）利用全球投入产出模型，对中国参与全球生产分割的情况进行测算。结果表明，中国生产阶段数呈阶段性变化，加入 WTO 以后，生产分割长度迅速增加，但美日等发达国家的全球生产阶段数下降，制造业外迁趋势明显。闫云凤（2018）利用 2000~2014 年 WIOD 给出的数据，基于 Wang 等（2017b）的测算方法将全球生产链长度分解为国内和国际生产链长度。从测度结果来看，中国的全球生产链、国内生产链和国际生产链长度均大于美国，而且两国的国际生产链长度均大于其国内生产链长度。马风涛和李俊（2017）综合了国内增加值比例、全球价值链长度和上游度等指标，对中国制造业部门的出口表现进行系统测算和比较分析。不同以往的研究，其应用的是 OECD 国家间投入产出表，并区分了贸易方式，结果表明 1995~2011 年中国制造业部门加工贸易出口产品的国内增加值比例呈上升趋势，而国内使用产品和非加工贸易出口产品的国内增加值比例有所下降；各类贸易方式下的制造业产品全球价值链长度都有所延长，上游度水平都有所提升。这也表明制造业在全球价值链上的升级空间还很大。

尹伟华（2016）利用 WIOD 中的数据对 1995～2011 年中国制造业出口贸易增加值进行了分解分析。发现 1995～2011 年中国制造业出口中国内增加值比例呈下降趋势，且以最终产品出口为主，表明中国制造业在全球价值链中所处位置不高。尹伟华（2017）采用 WIOD 中 2000～2014 年的投入产出数据在相应的出口贸易增加值分解框架下测算中国制造业出口贸易增加值，发现中国制造业出口中国内增加值占比呈现先降后升趋势。另外，中国以最终品出口的国内增加值占比要大于以中间品出口的国内增加值占比，但是，以中间品出口的国内增加值占比的上升趋势明显，表明中国制造业正从全球价值链低端向中高端攀升，出口正在逐渐升级。还有诸如王直等（2015）、姜悦和黄繁华（2018）、马弘和李小帆（2018）等利用制造业出口国内附加值考察制造业出口表现。

邱斌等（2012）测算了 2001～2009 年我国 24 个制造行业的出口复杂度，并采用出口复杂度指数对中国制造业的全球价值链分工地位进行分析，发现绝大多数行业的出口复杂度呈现上升的趋势，表明中国制造业在全球价值链中的地位日渐上升，出口状态保持良好。当然，各行业依据生产要素投入密集度的不同，出口复杂度呈现行业差异性。而后杨连星等（2017）的研究结论基本与邱斌等（2012）学者的研究结论一致，显示 1995～2010 年中国各行业出口技术复杂度具有显著的差异性。袁征宇等（2018）基于贸易增加值前向分解法，测度并分析了全球主要经济体出口技术复杂度的动态变化情况，发现各国的出口技术复杂度指标都呈现逐渐上升的趋势，中国亦然。中国出口产品的技术含量在 1995～2011 年得到较大的提升，但与欧美发达国家相比，中国制成品出口的技术复杂度还存在很大的上升空间。

从上述的梳理中基本可以发现，中国制造业出口表现的量化结果依赖于对不同指标的测度和分析，但是基本结论是中国制造业出口整体表现较好，呈现上升的态势。

三、关于制造业服务化对出口表现影响的研究

从理论渊源看，美国经济学家 Greenfield（1966）首次提出了生产性服

务（Producer Services）的概念，并最早指出服务对制造业的重要作用。他研究了服务作为中间投入要素对经济过程的作用，发现服务是制造业的重要投入。Jones 和 Kierzkowski（1990）认为，服务有助于连接和协调国际生产网络，进而促成制造业融入全球价值链。随着计量分析方法在实证研究中的应用，一些学者利用可获得的数据进行计量回归以此验证相应的理论机制。其中，Francois 和 Woerz（2008）采用 1994~2004 年 OECD 国家的面板数据对进口服务与制造业生产率之间的关系及进口服务与出口竞争力之间的关系进行了实证考察，发现商业服务的进口显著提升了制造业生产率，进而推动了制造业的出口竞争力。换言之，商业服务的进口确实增强了制造业出口竞争力，只不过是通过提升制造业生产率间接发挥作用的。Wolfmayr（2012）测算出制造业出口内含的总服务价值、来自国外的服务价值和国内自身服务价值，并实证考察其对制造业产品的出口市场占有率的影响，发现服务对制造业产品的出口市场占有率具有显著的正向促进作用，而且进口的国外服务比来自国内的服务的影响更为稳健。Liu 等（2014）研究更为细化，考察不同服务类型对制造业出口竞争力的影响，结果显示金融服务和商业服务的发展提升了具有高服务投入强度的制造业的竞争力。

国内学者大多从实证研究的角度进行考察。诸如张宝友等（2012）和刘艳（2014）均将服务贸易进口额作为服务的代理变量考察了其对制造业国际竞争力的影响。得到的结果也一致，均表明服务进口对制造业国际竞争力的提升产生正向的促进作用。不同的是，前者用制造业出口额代表国际竞争力，后者用出口技术复杂度作为衡量制造业国际地位的指标。之后，马盈盈和盛斌（2018）利用跨国面板数据从出口复杂度的视角考察了制造业服务化对价值链提升的效应，实证结果表明制造业出口服务化程度的加强有利于出口复杂度水平的提升。王思语和郑乐凯（2018）的研究也得到同样的结论。陈启斐和刘志彪（2013）以及彭水军和李虹静（2014）不再利用直接的服务贸易进口额作为服务的代理指标，而是利用中国的投入产出表计算投入到制造业出口中的进口服务，并通过计量回归模型实证考察其对中国制造业出口的影响。前者表明进口服务促进了我国制造业价值链地位的提升，后者表明主要服务部门均可以促进中国制造业出口贸易的发展，但对资本密集型制造业出口的影响不显著。但是由于我国投入产出表非连续，所以实证中用到的投入产出数据存在一定的局限性。随着世界投入产出数据库的诞生，学者纷纷采用连续型的国家（区域）间投入产出表进行指标测度和实证分析。诸如为了更进一步准确计算制造业出口中包含的进口服务，刘维林等（2014）利用非竞争型投入产出表，区分了进口中间投入品的生产和最终消费用途，借鉴 KWW 法得到了加工贸易、一般贸易和国内销售的中间消耗矩阵，并得到了中国制造业出口中的国外价值比例，由此作为衡量进口服务的指标，最终通过计量分析得到进口服务对制造业全球价值链地位具有提升作用。遗憾的是研究者并没有进一步考察不同服务部门的影响和不同部门、不同类型服务贸易壁垒措施的影响。郑休休和赵忠秀（2018）利用 WIOD 在 2013 年公布的 40 个经济体在 1995～2011 年的投入产出数据，研究了全球价值链视角下生产性服务中间投入对制造业出口最终品和中间品的影响。结果显示，生产性服务中间投入对制造业最终品出口增加值率的提高具有显著的正向影响，且在生产性服务中间品来源为发达经济体、制造业来源为非发达经济体时影响更大。姜悦和黄繁华（2018）考察了样本区间为 2004～2011 年的行业数据，实证研究发现，服务业开放能够促进我国制造业出口国内附加值的增长，相对而言，服务业开放对我国资本密集型制造业出口国内附加值的正向拉动作用更大。郑玉和戴一鑫（2018）将显性比较优势指数作为竞争力指标，实证研究了制造业投入服务化对产业国际竞争力的影响。计量结果显示，制造业投入服务化总体上显著促进制造业国际竞争力的提升，且该提升效应主要体现在制造行业中间品出口上。吕云龙和吕越（2017）选用 1995～2009 年 40 个国家和地区制造业行业的数据作为研究样本，在贸易增加值分解的基础上利用改进的显性比较优势指数作为国际竞争力指标，研究制造业出口服务化对国际竞争力的影响。实证结果表明，制造业出口服务化会显著提高制造业行业的国际竞争力。刘玉荣和刘芳（2018）应用联立方程考察了制造业服务化与全球价值链提升的交互效应，发现中国制造业部门参与全球价值链体系促进了制造业服务化水平的提高，但现阶段制造业服务化水平还未能对产业价值链提升形成强有力的支撑。

除了国家和行业层面的考察，微观（企业）层面的研究很少。刘斌等（2016）从企业层面考察了制造业投入服务化对企业在价值链中的参与程度和地位的影响。计量结果显示，制造业服务化对我国企业价值链参与度和在价值链体系中的分工地位均产生正向促进提升作用。其中，价值链提升效应显著的是运输服务化、分销服务化和金融服务化，而电信服务化的价值链升级效应并不显著，因此要更多重视电信服务化改革。许和连等（2017）构建了企业层面的出口国内增加值率（DVAR），考察制造业服务化对其的影响，研究发现中国制造业投入服务化与企业出口 DVAR 之间呈"U 型"关系，这主要是因为投入服务化对不同贸易类型企业的影响存在差异，其中对一般贸易企业出口 DVAR 的影响显著为正，而对加工贸易和混合贸易企业出口 DVAR 产生"U 型"影响效应。

四、相关文献评述

近年来，基于全球价值链视角研究国家或者产业出口升级问题成为学术界关注的问题，国内外学者从不同角度出发做了诸多的研究和探讨。随着制造业服务化趋势的日益发展，从制造业服务化的角度来研究制造业在价值链中的出口表现成为热点问题。对于制造业服务化的内涵，不同学者对其的认识不统一。从目前来看，学者们基本上将制造业服务化分为制造业投入服务化和产出服务化两种进行测度。随着投入产出方法的应用和相关数据库的建立，大多数学者从投入服务化的角度进行分析。基本上用直接消耗系数和完全消耗系数来量化投入服务化程度。这类方法相对来说便于计算和量化。随着全球价值链贸易的兴起，部分学者也尝试在贸易附加值分解的核算方法下尽可能精确地测度制造业中内涵服务的价值。目前就内涵服务化的应用仍较少。而就制造业产出服务化而言，研究的就更少，目前仅有的研究也是基于企业层面的考察，倾向于使用问卷调查数据，适用性不强。也就是说，碍于现有数据缺乏的客观原因，无法规范合理地度量产出服务化，尤其是在全球价值链范畴内，无法用投入产出数据去计算。

就全球价值链的相关指标来说，学者也在不断地改进优化。使用最多的是价值链参与度和价值链位置指数。这两个指标可以反映一国或者某一产业在全球价值链分工中的参与深度和地位指数，也是全球价值链下出口升级的两个重要考察指标。目前将产业链和价值链结合起来改进的新的参与度和位置指标被使用得较少，这是今后量化分析的重点。就其他指标，诸如价值链长度、上游度、出口复杂度、出口国内附加值而言，都被广泛应用到实际中，来反映国家或者产业在全球价值链中的参与情况。但是对其分析都是基于单个指标的量化，没有全面系统地用这些指标来反映出口动态变化。

从已有文献来看，学者确实从不同角度对制造业投入服务化的经济效应进行了许多重要而深刻的研究。但是前人的研究多是基于单一指标，从全球价值链背景下制造业出口表现的某一方面进行研究，而且研究多是基于单一指标中的行业层面或者跨国层面来考察制造业服务化对参与全球价值链的出口的影响。而从中微观层面运用多指标来考察制造业服务化对制造企业出口行为影响的研究较少。更重要的是不管是宏观、中观还是微观层面，绝大多数的研究都没有涉及制造业服务化是如何作用于出口表现的，怎样的中介效应或者机制使制造业服务化对制造业出口升级产生作用，这是目前研究中较薄弱的环节。

第三节　研究思路、方法与技术路线

一、研究思路

本书主要的研究目标是考察在全球价值链框架下制造业投入服务化对我国制造业出口升级的影响，并探究其内在机制，进而在此基础上提出一些针对性和可行性的政策建议。在这一总体目标下，根据理论研究—实证研究—对策研究的研究范式，将本书的研究思路梳理如下：

第一，理论和机制研究。基于有关理论的研究框架，从数理推导上就制造业投入服务化对制造业出口升级的作用机制进行了分析，证明研发创新效应、成本效应和生产分工效应是制造业投入服务化对中国制造业出口升级的作用渠道，为后文的实证分析提供了理论支撑。

第二，现状研究。采用消耗系数测度的制造业服务化指标和贸易附加值分解框架下的制造业出口内涵服务量对我国制造业服务化的现实情况从多角度进行了描述。在全球价值链背景下，在将中国制造业出口升级分解为 GVC 位置、GVC 参与度、出口国内附加值率（DVAR）等指标的基础上，多角度、全面、系统地分析中国制造业出口变化趋势。

第三，实证研究。在理论和机制研究及现状研究的基础上，主要采用计量经济学中的相关方法，对全球价值链背景下的制造业投入服务化对中国制造业出口升级的影响进行实证分析，并验证相关作用机理。具体来说，实证研究又可以进一步分为以下两大部分：一是行业层面的制造业服务化对中国制造业的 GVC 位置、GVC 参与度、出口国内附加值率的影响的实证研究；二是企业层面的制造业投入服务化对制造企业出口产品质量升级影响的实证研究（企业层面，用制造企业出口产品质量作为制造业出口升级的代理指标）。

第四，对策研究。基于以上研究的主要结论，围绕制造业投入服务化对我国制造业出口升级的影响和作用渠道，提出相应的对策建议。

二、研究方法

第一，文献归纳法。对国内外已有的相关文献进行整理、归纳与分析。在梳理这些文献研究内容的基础上，借鉴相关论点、研究思路和方法，为本书的研究奠定基础。

第二，投入产出法。首先，使用 WIOD 中的投入产出表，计算直接消耗系数和完全消耗系数，同时在贸易附加值分解的核算框架下利用投入产出模型计算我国制造业出口内涵服务量，用这三个指标来测度我国制造业的投入服务化程度，并与主要发达国家进行比较，分析我国制造业服务化水平。其次，仍是基于贸易附加值分解的核算框架，利用构建的相关指标来测度我国制造业出口变动状态。

第三，描述性统计分析法。在使用投入产出法的同时搭配统计分析法，分析我国制造业服务化的变动趋势以及与其他主要国家的比较。接着，利用测度的制造业出口升级指标描述性地分析我国制造业出口变动状态以及与其他主要国家的比较。

第四，数理分析法。数理模型可以为经济学理论框架提供严谨的分析思路。本书第二章通过数理模型去推导和演绎制造业服务化的贸易效应以及制造业服务化对我国制造业出口升级的中介效应，为下文的实证分析提供了理论参考。

第五，计量分析法。主要采用计量经济学的面板数据固定效应模型、两阶段最小二乘法（2SLS）、Heckman 两步法、Tobit 模型、中介效应模型等就制造业投入服务化对我国制造业出口升级从行业和企业两个维度进行实证分析。

三、技术路线

图 1-3 为本书技术路线。

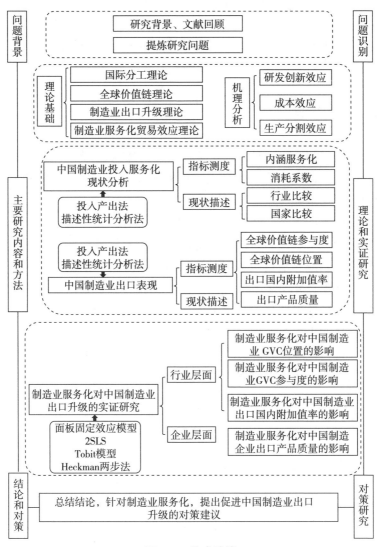

图 1-3 技术路线

第四节 本书创新及不足

一、本书创新之处

本书研究可能的创新有以下几点:

第一,作用机理上,通过文献梳理发现鲜有学者从理论层面去考察制造业投入服务化是如何作用于制造业出口升级的。本书在服务中间投入模型的基础上,通过构建数理模型推导和演绎了制造业投入服务化对制造业在全球价值链下的出口升级的作用机制,为后文的经验分析提供了理论支撑,可以说是对现有理论机制的补充和丰富;在理论模型构建后,以研发创新效应、成本效应和生产分工效应为中介变量进行作用机制的实证检验。特别要强调的是,生产分割指数也是在贸易附加值的核算框架下产生的一个指标,贴合本书的全球价值链背景,而且少有研究将生产分工效应作为中介渠道去分析制造业服务化对制造业出口升级的影响,本书又为制造业服务化对制造业出口升级影响的研究增加了一条途径,由此加深了对制造业投入服务化和全球价值链背景下的中国制造业出口升级关系的认识。

第二,在指标测算上,多数学者对制造业服务化的衡量是基于通过投入产出模型计算的消耗系数进行的。但是消耗系数对制造业出口中投入的服务要素的测度是基于总出口的衡量。随着贸易附加值分解核算的兴起,在全球价值链分工体系下,从出口贸易增加值的角度去测算服务化水平是很有必要的。所以本书不仅沿用目前常用的消耗系数作为制造业服务化的测度指标,还在出口贸易附加值分解核算的框架下,将计算出的出口贸易增加值中的服务含量作为衡量制造业服务化水平的指标,以此来更为准确地测度制造业出口中的内涵服务量。这样多指标的全面对比分析可以深化认识我国制造业服务化水平的特征事实。对于制造业出口升级指标,多数研究利用显性比较优势指数、出口复杂度、竞争优势指数等传统的指标来衡量。本书是在全球价值链贸易附加值分解核算框架下进行的,所以从产业链和价值链的双重角度测算 GVC 参与度、GVC 位置和出口国内附加值率

（DVAR）来考察中国制造业的出口升级状况，为制造业出口升级的表现提供了新的衡量视角。

第三，在研究层次上，本书不仅关注制造业投入服务化对中国制造业行业层面的出口升级的影响，还从微观的企业层面去考察制造业投入服务化对中国制造企业出口产品质量的影响。在实证分析中，不仅检验了制造业总体服务化的出口升级效应，而且还从行业要素密集度分类（劳动、资本和技术密集型）、服务投入类型（分销、运输、电信和金融服务化）、服务来源国差异（国内和国外）、企业的所有制形式（国有、集体、私人、港澳台、外商、其他）、企业贸易类型（一般、加工、混合）、企业所属地区（东部、中部、西部）等角度对制造业服务化的出口升级效应进行了实证检验。较之以往的研究，研究范围和内容扩展了，分析也更为全面、细化和有深度性，能够较为充分保证研究结论的说服力和政策建议的有效性。

二、本书不足之处

第一，制造业服务化的测度上，不管是消耗系数衡量的制造业服务化还是贸易附加值分解核算框架下的内涵服务量，均是基于投入产出模型从外部要素投入的角度考察的，无法知道服务投入的上下游关联。而制造业内部提供的服务和制造业产品中捆绑的服务是制造企业自主服务化的体现，作为制造业服务化的另外两种形式也是存在的。按理说这两种形式的服务化对制造业出口升级的影响更是需要考察的。但是这两种服务化形式需要国内外制造业企业层面和商业层面的海量数据，碍于数据的可获得性和研究时间的限制，本书无法考察这两方面的服务化。

第二，指标维度和数据范围上，对于制造业服务化指标的测算碍于数据的可获得性和测量方法的局限性，只能计算行业层面的指标，无法测算企业层面的指标。对于全球价值链视角下的中国制造业出口升级指标中的GVC参与度和GVC位置，局限于测算方法，也只能衡量行业层面，无法计算企业层面的指标。所以在微观企业层面的实证分析中，选用企业层面的出口产品质量作为衡量制造业出口升级的指标来对行业层面的制造业服务化指标进行回归分析。由于维度的不一致，可能对计量结果的精度产生一定影响，但是在实证分析中也尽量采用企业聚类去弱化这一方面的影响。对于行业层面的分析，数据的区间范围在2000~2014年，未能分析最近几年。这是因为世界投入产出数据目前只更新到 2014 年。对于企业层面的分析，本书选取世界投入产出数据、工业企业数据和海关进出口数据的共同年份区间 2000~2013 年，但是碍于 2010 年及以后的中国工业企业数据质量被学术界质疑，并且之前年份的数据也存在指标缺失和错配的现象，经过处理，最后只考察了 2000~2007 年的企业数据。这是很遗憾也是日后需要继续追踪和研究的问题。

第二章

理论基础和作用机理分析

第一节　相关概念明晰

一、全球价值链

全球价值链（Global Value Chain，GVC）是指产品和服务在生产及出售的过程中所涉及的使产品增值的一系列阶段，其中至少有两个阶段在不同国家完成（见图2-1）。根据这个定义，如果一个国家、部门或公司参与了GVC的（至少）一个阶段，那么它就参与了GVC。

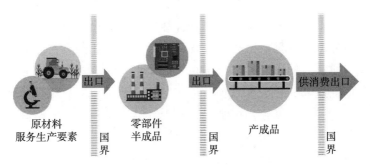

图 2-1　GVC 示意图

资料来源：World Bank. World Development Report 2020——Trading for Development in the Age of Global Value Chains［EB/OL］. http：// documents. worldbank. org/.

二、制造业投入服务化

由于前文的文献综述中已经介绍了制造业服务化内涵，所以这里只做简单的回顾。制造业服务化这一概念最早由 Vandermerwe 和 Rada（1988）提出，它表明制造业越来越依赖于服务。随着制造业与服务业融合的趋势越来越强，服务也被看作创造价值的活动。孙林岩等（2007）提出服务型制造这一概念，认为制造与服务融合是新的先进的制造模式。蔺雷和吴贵生（2007）提出"制造业服务增强"一词，他们认为包含在产品中的具有高附加值的服务要素能够提高产品价值，增强其市场竞争力，从而提升企业绩效。周大鹏（2010）指出，制造业服务化是在制造业的投入和产出活动中，服务要素比重日益增加的一种经济趋势。在中观层面上，制造业服务化是制造业向价值链两端延伸，实现产业升级的重要战略。由此可知，随着时代的发展，制造业服务化的内涵也在逐渐地演化发展，未形成明确统一的概念，但是都认为服务对制造业的发展日益重要。

　　本书认为制造业服务化可以表现为三种形式：一种形式是制造业服务投入的外部性，也就是制造业服务化是外部服务要素投入的结果，是基于生产链条上的环节需求所进行的服务要素投入，并不是制造企业主动进行的服务和制造要素的内部的融合。另外两种形式是制造业内部提供的服务和制造业产品中捆绑的服务，这两种是制造企业自主服务化的体现。本书定义的制造业服务化是指制造业外部服务投入化，在制造业生产环节中外部服务要素比重增加的现象。一方面这种外部服务投入可以拆解为电信服务、金融服务、运输服务和分销服务等。这些服务业的发展，为制造业的生产提供了便利。具体表现为：当今"互联网+"和电子商务发展迅速，制造技术和信息技术的融合可以提升运作效应，节约成本，改善企业经营组织模式。因此，电信服务化在制造生产中就显得很重要。就金融服务化而言，可以改善企业融资约束，向企业提供资金支持，保证企业的长期稳定发展。运输服务化和分销服务化体现在物联网技术、物流的发展以及基础设施的建设可以有效整合资源，优化供应链，缩短生产商、供货商和消费者的距离，而且数字平台的搭建有利于降低贸易成本，使小企业更容易走出本土市场、向全世界销售商品和服务。另一方面在全球价值链的生产分工体系下，跨国生产成为普遍现象，所以制造业外部服务化又可以分为国内服务和国外服务。一般来说，国内的服务投入比重占据主体，但是国内服务的质量、技术水平和附加值可能相对较低，而国外服务投入的比例较小，但是一般具有高技术、高附加值特点。总之"制造+服务"的生产模式是制造业服务化的表现（见图2-2）。

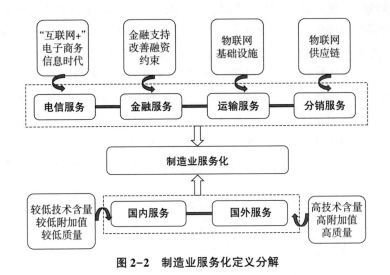

图 2-2 制造业服务化定义分解

三、出口升级

本书认为制造业出口升级主要指制造业通过嵌入全球价值链生产分工网络中，逐渐深化在全球价值链中的参与度，提升合作协调度，通过"干中学"效应，增强自身的技术研发水平，改善产品质量，扩展出口市场，增强出口竞争力，推动制造业从生产加工环节向高加工度、高附加值环节有序攀升，然后进入全球价值链的中高端环节，提升全球价值链的分工地位，最终实现制造业出口升级。具体来看，可以分解为全球价值链参与度的深化、全球价值链分工地位的提升、出口国内附加值率的增加、产品质量的改进这几个方面。已有研究将全球价值链生产模式下出口升级的方式归结为四种，分别是流程升级、产品升级、功能升级和链条升级。本书将结合这四种方式对全球价值链背景下的制造业出口升级的定义进行更深入的解析（见图 2-3）。流程升级意味着改良生产方法，引进先进的技术提升生产效率，降低成本，获得更高的价值增值，这就说明了制造业出口升级表现为出口国内附加值率（DVAR）的提升。产品升级是指产品质量的改善和提升，即从低技术含量、低附加值的产品向高技术含量、高附加值产品的升级。通过更高价格产品的销售获得更高的出口国内附加值份额。这体现了制造业出口升级中的产品质量的改善和 DVAR 提升的现象。功能升级意味着改变在价值链中的低端徘徊，实现由价值链低端向中高端转移，从而获取更大的价值。这表明随着参与全球价值链生产分工程度的加深，企业分工协作能力日渐增强，通过消化和吸收先进的技术和管理模式，企业向高附加值环节转移，价值链位置提升。链条升级是制造业出口升级的最终归宿，因为链条升级不仅意味着企业从附加值较低的生产加工环节向附加值更高的研发设计、品牌营销等环节转移，达到掌控价值链核心环节和获取最大利润的目的，还意味着当前的低端环节依然可以保留，实现高低价值链的并存，获得高端和低端价值环节共同创造的价值增值。

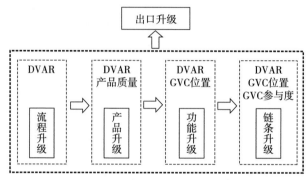

图 2-3　制造业出口升级定义分解

第二节　相关理论概述

一、国际分工理论

随着经济全球化和区域经济一体化趋势的形成和发展，国际分工理论应运而生。该理论为全球经济贸易的迅速发展提供了科学合理的解释。国际分工理论与各国发展实践的科学融合一定程度上决定了该国产业经济发展的综合实力和全球竞争力。但是有时理论也是一把"双刃剑"，在推动全球经贸合作发展的同时，也造成了国家间发展的分化和差异。随着全球生产过程的日益复杂化和精细化，国际分工理论也在不断演进和发展。当前，主流的国际分工理论主要包括产业间分工理论、产业内分工理论和产品内分工理论。

（一）产业间分工理论

产业间分工理论是较早解释产业与产业间的国际分工模式的理论。比较有代表性的理论是亚当·斯密（Adam Smith）的绝对优势理论、大卫·李嘉图（David Ricardo）的比较优势理论及赫克歇尔和俄林（Heckscher 和 Ohlin）的要素禀赋理论（H-O 理论）。其中，亚当·斯密于 1776 年在其《国富论》一书中提到的绝对优势理论认为，正是由于各国在绝对成本上的差异才促使各国开展全球范围内的国际分工及贸易活动。也就是说，各国要致力于出口本国具有绝对成本优势的产品，这样参与贸易的各国均会增加国家财富。亚当·斯密认为，国际贸易可以通过市场的扩展，将社会分工由国内延伸至国外，而国内分工变为国际分工，分工范围的扩大，意味着专业化程度的深化，劳动生产率的不断提高，最终将增加各国财富，即国际分工和贸易活动会带来贸易收益。亚当·斯密的绝对优势理论并不能解释当一国在所有商品都处于绝对劣势的情况下如何开展国际贸易活动。于是，李嘉图在 1817 年出版的《政治经济学与赋税原理》一书中提出了基于成本优势的比较优势理论。该理论指出，在自由贸易条件下，即使一国生产的所有产品与其他国家相比都处于成本劣势局面，也可以通过比较，选择劣势较小的产品参与国际贸易获得贸易分工收益。总结起来就是要抓住获取国际贸易分工优势的机会，按照"两优相权取其重，两劣相权取其轻"的原则参与国际贸易。比较优势理论成为后来学者研究国际贸易的基础，推动国际分工理论的发展。不同于比较优势理论强调生产率差异是决定分工的重要因素，赫克歇尔和俄林两位学者深入探讨了国际分工另外的原因，认为要素禀赋差别才是决定国际分工的重要因素，这也就是著名的 H-O 理论。该理论进一步丰富和发展了比较优势理论，指出在要素自由流动，并且不考虑运输费用的前提下，各国要专门生产并出口密集使用本国富足生产要素的产品，进口本国稀有的要素密集型产品，进而最大限度地取得利润。简言之，各国要按照自身生产要素禀赋进行分工有利于获取贸易收益。要素禀赋理论在很长时期内，对国际贸易分工现象有着强有力的解释。

（二）产业内分工理论

随着新的贸易现象的出现，学者开始关注并研究发生在同一产业类别内部的双向贸易，即产业内贸易。产业内分工指的是传统国际分工模式从部门间专业化转向部门内专业化的分工模式。第三次科技革命使同一部门不同产品向多样化、差异化方向迅猛发展，导致产业部门间的专业化差异日益扩大。产业内国际分工不是中间品或零部件的分工，而是一个行业内部不同种类最终产品的国际分工（涂颖清，2010）。依据分工模式的不同，产业内分工可分为垂直型分工和水平型分工两种类型。垂直型分工主要指由产品质量及价格高低差异形成的分工。一般用比较优势与完全竞争来解释垂直型产业内分工。水平型分工则是指同质产品在不同国家或地区间流动形成的区域分工（Falvey，1981）。一般认为，规模经济和不完全竞争决定了水平型产业内分工。

对垂直型产业内分工理论做出解释的主要学者是 Falvey 和 Kierzkowski（1987）以及 Shaked 和 Sutton（1984）。其中 Falvey 和 Kierzkowski（1987）构建的 F-K 模型认为要素禀赋、技术、收入和消费者偏好是产生垂直型产业内分工的因素。Shaked 和 Sutton（1984）构建的 S-S 模型认为由于研发支出不同而造成的产品质量差异将对市场产生一定的影响。根据 S-S 模型，倘若市场中只有两个企业，它们分别生产有质量差别的同类产品，只要它们处于不同的国家就会发生垂直性产业内贸易和分工。

对水平型产业内分工理论做出解释的主要学者是 Krugman（1979），Lancaster（1980）以及 Brander & Krugman（1983）。他们都把规模经济看作产业内贸易的重要原因，随着生产规模的扩大，产品价格降低，产品种类增加。即使是生产同质产品的寡头，也会因为企业策略的不同，发生产业内贸易。

（三）产品内分工理论

随着经济全球化和国际贸易分工的进一步深化，国际贸易逐渐偏向于产品内贸易或者更多地倾向于零部件和中间产品贸易，并逐渐出现了以同一产品各个生产阶段或零部件生产为特征的产品内分工。田文（2005）对产品内分工给出定义，认为产品内分工是指产品不同零部件、不同工序等价值链不同环节或价值片段在不同国家生产的空间分布现象。这种分工理论从分工形态来看，是对产业间分工和产业内分工理论的延伸；从理论基础来看是对比较优势理论、要素禀赋理论和规模经济理论等的继承和发展。卢锋（2004）认为，产品内分工贸易仍可以用比较优势和规模经济理论来分析。具体来看，产品内分工理论有利于不同国家或地区发挥比较优势、促进专业化分工、利用内部规模经济、提高生产效率和改善双方福利。这也与 Arndt（1997）的观点一致，认为产品内分工有利于增进参与分工的两个国家的经济收入及就业、工资等社会福利。Helpman（2006）认为，参与产品内分工的主体多为大型跨国公司，并分析了跨国企业参与国际分工的决策行为。进一步地，产品内分工理论还促进了全球价值链理论的快速发展，更促进了价值链片段化、全球外包等理论的诞生和发展。

从分工的演变看，随着国际分工的深化发展（见图 2-4），产业间分工、产业内分工、产品内分工的国际分工模式推动了全球价值链理论的快速发展。在经济全球化背景下，国际分工理论为发展中国家融入全球生产网络体系提供了契机，发展中国家通过参与全球分工利用比较优势和规模优势可以获取技术进步和分工收益。就参与全球生产分工的发达国家而言，它们可以通过领先的技术和高端化的产业获取分工收益，甚至是挤占发展中国家的贸易收益。因此，发展中国家和地区在抓住国际分工带来的种种机遇的同时，还要认识到既定分工格局带来的巨大风险。发展中国家和地区要建立预防机制，采取综合措施摆脱传统国际分工格局，谋求建立新型国际分工模式以获取更大分工收益。

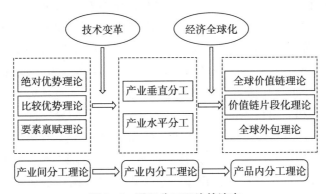

图 2-4　国际分工理论的演变

资料来源：简晓彬. 制造业价值链攀升机理研究——以江苏省为例［D］. 徐州：中国矿业大学博士学位论文，2014.

二、全球价值链理论

(一) 全球价值链理论的演化范式

一般来说，理论均是在一定的假设条件下诞生的或者只是服务于当时的经济现象。诸如从两个世纪前的大卫·李嘉图（David Ricardo）到赫克歇尔和俄林（Heckscher 和 Ohlin）再到萨缪尔森（Samuelson）等学者提出的国际贸易理论或者说是主流的贸易理论，为国际贸易理论的发展奠定了基石。这些理论均取决于以下三个经典假设：一是假定市场是完全竞争的，生产技术规模报酬不变；二是假定同一个行业的生产者是同质的；三是假定各国仅从事最终品贸易。随着生产活动的复杂化，新的经济现象出现，相继打破了这些经典假设。

第一个假设被动摇是在 20 世纪七八十年代。代表性学者是 Krugman（1979，1980）以及 Helpman 和 Krugman（1985）。两位学者考虑到规模报酬递增的生产技术以及不完全竞争市场，进而为技术和资源相似的国家之间普遍存在的行业内贸易提供了合理解释，而这种现象是不能用经典的比较优势概念来解释的。由此诞生了以两位学者为主要理论贡献者的被称为"新贸易理论"的国际贸易理论。这一新思潮也在日后成为国际贸易理论分析框架的基础。

理论分析框架的演进通常是由经验研究中新发现的事实与传统模型的预测结果之间的差距所推动的，正如"新贸易理论"紧随以 Grubel 和 Lloyd（1975）为代表的对产业内贸易的实证研究而出现，20 世纪 90 年代末出现的新经验证据推动了对第二个经典假设（生产者同质性）的重新考量。其中 Bernard 和 Jensen（1995）采用企业微观数据进行实证研究发现，任意行业内的出口商和非出口商的生产效率确实存在明显的异质性。但是当时没有理论基础去诠释该经济现象，直到以 Melitz（2003）为代表的后来被称为"新新贸易理论"的出现，才对过往实证研究中所发现的企业异质性现象给出了理论解释。新新贸易理论模型不仅考虑了企业出口的成本，还考虑了企业进入和退出市场的自主选择机制，从而强有力地解释了行业内异质性企业共存的现象。

对于第三个经典假设的动摇或者打破是伴随全球价值链的生产分工而

来的。古典贸易理论假设各国只从事最终品交易，显然这与全球的生产网络特征是不相符的。随着生产的碎片化和精细化，生产过程被分割成不同的生产环节，如研发设计、零部件加工、运输分销等，且生产网络中的国家或地区在每个环节都致力于分工完成特定的任务。所以，当前，国际贸易领域不再是仅仅考察最终品的跨国交易，更多的是关注中间品的跨国流动和各种生产活动的"任务"，以及完成这些"任务"所创造的附加值的跨国转移和流动。

（二）全球价值链理论的演化发展

全球价值链理论是在对全球价值链这一概念的演化和发展的基础上逐渐形成的，并受到国际贸易学领域学者们的高度关注。最早提出价值链这一概念的学者是哈佛大学的迈克尔·波特（Michael E. Porter）教授。波特在其出版的《竞争优势：创造和保持卓越绩效》一书中指出由基本活动（生产、营销、运输和售后服务等）和支持性活动（原材料供应、技术开发、人力资源储备和企业基础设施建设等）两部分完成的为公司创造价值的一系列的生产经营活动串联在一起就构成了一条价值链。这一概念的提出使人们对价值链有了初步的认知，并对企业个体竞争优势的分析大有裨益。此外，波特还依据企业与企业之间的竞争阐述了整个价值链体系的竞争。但是这一概念仅局限于对微观个体企业层面的考察。同年，Kogut（1985）提出价值增加链，认为价值链的价值循环过程就是将各个投入环节有效结合起来，实现价值增值。同时他还指出国家和地区同企业一样，如何在价值链上配置资源和要素是依据比较优势而来的。这也是较早地将价值链的概念从企业层面扩展到区域和国家层面的论述，反映出全球价值链的空间再配置和垂直专业化分工的特性。这为全球价值链理论的形成奠定了基础。随着产品内国际分工的发展，商品的生产过程被分解为不同阶段，由此 Gereffi（1999）提出了全球商品链（Global Commodity Chain）的概念。简单地讲就是仍然以企业为主导，把分布在世界各地不同规模的企业或者机构组织在一个一体化的生产网络中进行商品的生产，进而形成垂直化的生产链条。随着研究的深入和国际贸易的迅猛发展，Gereffi（2001）在分析全球范围内的产业联系以及产业升级问题时，在全球商品链的基础上，从产品整个生命周期的角度提出了全球价值链概念，即产品在全球范围内的研发设计、生产组装、运输、销售及对最终用户的支持与服务等价值创造活动。随着学者们和组织对全球价值链概念和理论的认可，研究也越来越深入。Kaplinsky 和 Morris（2002）认为并非全球价值链中的每一个环节都能创造价值，只有价值链上的战略环节才是最重要的产生增加值的环节，抓住了该环节，也就控制了该产业的价值链。Sturgeon（2001）整合以往的研究，从生产参与主体、生产组织规模和空间地理分布这三方面来解析全球价值链的概念。他指出全球价值链的参与主体是跨国公司或企业，这些参与主体的有机结合组成了全球价值链的生产规模。不同生产环节会分布在不同的国家和地区，进而实现资源在全球范围内的优化配置。部分学者还进行了全球价值链治理的相关研究，代表性学者是 Humphrey 和 Schmitz（2000）、Kaplinsky 和 Morris（2003）以及 Gibbon 和 Ponte（2008）。他们的共识是如何让参与全球价值链分工的国家或者跨国企业做出决策和战略规划，并可以协调合作，明确各自的分工地位，寻找适合的参与或者升级路径，获得贸易收益，并实现规范性、制度性的模式是全球价值链治理的重要关注部分。

综合上述观点，可以认为全球价值链打破了传统的产品生产过程，使不同的生产环节可以在不同国家和地区进行。也就是说，全球价值链深入产品内分工，把产品生命周期中完整连续的价值过程细分为一个个诸如设计、生产、营销的价值增值环节，这些环节在空间上则分散于世界各地，每个国家专注于特定工序的生产。在知识经济时代，一些服务性价值链环节，如设计和研发服务、零售和分销服务、物流控制、租赁服务等，在全球价值链上发挥着日益重要的作用。制造业服务化的产生与发展正是由于无形的服务活动融入有形的产品而逐渐成为全球价值链上经济价值的产生源泉。因此可以将全球价值链理论作为对制造业服务化现象的核心理论。

三、制造业出口升级理论

在以微观企业跨国活动为基础的全球价值链分工网络体系下，制造业出口升级主要指制造企业在融入全球价值链中以中间品贸易为主要贸易方式，通过专业化生产分工，实现供应链不同环节价值增值，进而调整产业结构和产业空间布局，提高产业或企业竞争力，实现价值链高端攀升。

Humphrey 和 Schmitz（2000，2002）认为，全球价值链中制造业主要有四种升级模式，即流程升级、产品升级、功能升级和链条升级（见表 2-1）。

国内学者多从我国产业角度分析制造业出口升级。张幼文（2005）认为，在经济全球化时代，要改变全球化中的分工地位与利益分配地位，可以通过要素迁移方式实现制造业出口升级。具体来看，就是要培育和购买稀缺要素，从而改变要素结构，形成要素优势，提升产业竞争力。高传胜（2008）则从服务业对制造业的支撑作用角度来探讨制造业出口升级。他认为服务业的发展对于制造业的结构调整和升级具有重要的作用。尤其是生产性服务可以通过深化人力资本和知识资本增强自主研发、设计与创新能力，进而降低交易成本，培育产业竞争优势来支撑制造业升级。金碚（2017）认为，当代世界产业结构及国际竞争力格局发生了巨大变化，产业的综合竞争力已经不像发达国家那样呈现产业生态的高端化，更重要的是体现在产业体系的完整性和配套性的强大性上。我国尽管在产业的高端技术上尚弱，但是产业的丰厚度大大增强，所以国际竞争中具有很大优势。当然，他也指出，要推进产业的优化升级尤其是实现制造强国战略，技术升级依然是产业升级的不二法门。

表 2-1 全球价值链中制造业出口升级的四种模式

升级模式	升级结果
流程升级	通过生产流程的创新，进行生产系统的重组，或者引进新技术，提高价值链内部某环节投入与产出的比率，更有效地将中间投入品转化为最终品
产品升级	通过研发创新生产和销售比竞争对手产品价值更高的产品，扩大市场份额获取更多价值
功能升级	通过技术改进和生产率的提升，移动到价值链上创造更高价值的环节，获取更大的价值
链条升级	在价值链上占据越来越大的部分，同时获得越来越多的价值。低位价值链向高位价值链跃升之后，低位价值链继续保留，实现高低价值链的并存

四、制造业服务化的贸易效应理论

20 世纪 80 年代以前，服务通常被认为是不可贸易品。但随着服务业和科技的发展，服务越来越得到重视并被消费。诸多投入性服务，如管理咨询、信息处理、设计研发和金融服务逐渐渗透到其他行业中。有趣的是这类服务的提供者通常都是受过良好教育和专业化培训，并拥有熟练技能的劳动者。进入 20 世纪 90 年代以后，伴随知识经济时代的到来，以服务要素为中间投入的贸易引起了学者们的广泛关注。他们普遍认为服务中间投入具有知识、资本和技术密集度高的特征。

对服务要素贸易模型的构建做出较大贡献的是 Markusen（1989）和 Francois（1990）两位学者。Markusen（1989）构造的两部门经济模型中，设定一个部门的生产函数只用劳动和资本要素表示，另一个部门的生产函数只使用服务要素，然后运用求线性规划的方法对两个部门的产出进行了比较，发现在总要素投入不变的情况下，通过增加中间投入要素的种类（在这里是指服务要素）可以使总产出增加，进而提升出口贸易量。另外还指出，中间产品的高知识要素密集度，意味着该类产品的生产具有较高的规模经济。而要获取知识要素又必须支付大量初始学习成本（比如经过专业化训练付出的成本费用），随后以知识为基础的服务就能以较低的边际成本售出，这样就会增加贸易利得。Francois（1990）等构建的模型是设定了一个生产函数集，并设定不同生产函数来表示不同的分工程度。随着某产业的分工程度逐渐细化，该产业的产出也将增加。同时该模型还把劳动要素区分成了熟练劳动和普通劳动。其中服务性活动如设计、管理、规划、信息处理等由熟练劳动提供。

随着全球化和产品内分工的不断发展，中间产品贸易日益成为国际贸易的重要模式之一，本书综合借鉴 Markusen（1989）和 Francois（1990）的研究，进行如下设定：

假设某经济体有两个生产部门 X 和 Y，分别生产产品 X 和 Y。产品 Y 的生产使用的是普通劳动力 L，熟练劳动 H 和资本 K，且设定该部门规模报酬不变。产品 X 的生产主要使用服务要素 S，而 S 又是由熟练劳动 H 和普通劳动 L 生产的。

Y 部门的生产函数表示为：
$$Y = F(L, H, K) \tag{2-1}$$
F 满足对 L 和 H 的一阶偏导大于 0，二阶偏导小于 0。

X 部门的生产函数表示为：
$$X = X[S(H, L)] \tag{2-2}$$
为了使 X 的生产函数便于计算，将式（2-2）改写为：

$$X = \left[\sum S_j^b \right] \tag{2-3}$$

其中，下标 j 表示 S 由不同的要素提供商生产，j 满足 $j \in [0, n]$，n 为自然数；上标 b 满足 $0 < b < 1$。将产品 X 的生产成本分为边际成本和固定成本两部分。

那么以 Y 表示的 X 的成本就可以表示为：

$$wS_j + wF \tag{2-4}$$

其中，w 表示以 Y 衡量的工资，F 表示固定成本。

设 P 表示以 Y 衡量的 X 的价格，那么对产品 X 的最优配置问题就是求如下的最优规划的解：

$$\text{Max}\,\pi = P \left[\sum S_j^b \right]^{1/b} - (wS_j + wF) \tag{2-5}$$

设 $\sum S = nS$，并对 S 和 n 求一阶偏导数，并令其等于 0 得：

$$\frac{\partial \pi}{\partial S} = pn^{\frac{1-b}{b}} - w = 0 \tag{2-6}$$

$$\frac{\partial \pi}{\partial n} = (p/b)\,n^{\frac{1-b}{b}}S - wS - wF = 0 \tag{2-7}$$

联立上面两个方程并解方程组得：

$$S = \frac{b}{1-b}F, \quad n = (w/p)^{\frac{b}{1-b}} \tag{2-8}$$

接着再来分析垄断竞争均衡的情形。如前文所述，S 的生产者众多，单独的一个 S 生产者 S_j 所面临的价格就是生产 X 产品时 S 的边际产品。令 r 表示这个价格，可以从式（2-6）得到如下关系：

$$r = \frac{p}{b} \left[n\,(S)^b \right]^{\frac{1-b}{b}} bS^{b-1} \tag{2-9}$$

假定价格 P 和 X 是单独的 S 生产者所面临的外生给定的变量。那么在垄断竞争均衡时，单独 S 生产者的最优规划问题可以由下式给出：

$$\text{Max}\,\pi = rS - wS - wF \tag{2-10}$$

求其一阶条件并求解得：

$$S = \frac{b}{1-b}F, \quad n = (w/pb)^{\frac{b}{1-b}} \tag{2-11}$$

从上面的结果看，S 的值和社会理想状态下的值相同。但 X 的产量则因为服务提供商数量 n 的增加而增加。换言之，通过增加中间投入要素的种类

（在这里是服务要素）可以使总产出增加，进而利于满足出口需求。

第三节　制造业投入服务化对制造业出口升级的作用机理分析

在全球价值链分工体系中，各个生产环节越来越细化，生产链条越来越延伸。为实现每个生产阶段的价值增值，制造业部门倾向于在生产活动中嵌入中间服务投入。尤其是研发设计、金融服务等知识密集度高和附加值高的现代服务要素的投入，对于深化产业合作，实现产业融合，提升价值链具有重要意义。从中国现实来看，中国作为制造业大国，积极参与全球价值链的生产分工中。但是由于西方制造业回流和中国劳动力比较优势的减弱，中国长期处于价值链中低端，甚至出现"低端锁定效应"。随着服务业在制造业部门的不断渗透和扩张，制造业投入服务化对价值链提升效应愈发明显（顾乃华和夏杰长，2010；刘斌等，2016）。然而，目前我国现代服务业发展水平仍然不高，发展滞后。诸如批发分销和交通运输等传统的生产性服务业比重较高，而金融和电信等高级服务所占比重较低，发展较为缓慢。所以，此时如果盲目追求制造业投入服务化，会带来其他生产成本的增加，这样一来其促进作用不仅可能减弱，甚至还会挤占制造业部门的其他投入。

为此，本书认为，制造业投入服务化对我国制造业出口升级的影响效应可能存在三种情形：一是制造业投入服务化有助于制造业出口升级；二是随着服务化程度的提升，当其超过一定水平时，对我国制造业出口升级的提升作用就会减小，也就是边际效应是递减的；三是服务要素在嵌入制造业的生产过程中，会存在初期的要素匹配和磨合，所以在初期阶段，反而不会对制造业出口升级产生促进作用，随着生产过程的不断协作和调整，对制造业出口升级的作用就会凸显提升效应。也就是说，制造业投入服务化对制造业出口升级的影响效应可能是正向促进作用，也可能存在非线性的关系。通过后文的实证分析来进一步验证。

接下来将试图从理论上推导出制造业出口升级的决定因素，并以此作为中介变量梳理制造业投入服务化对制造业出口升级的作用机理，为后文的经验分析提供理论基础。

一、研发创新的机理

(一) 加入技术进步的索洛模型

在索洛模型中，产出（Y）、资本（K）、劳动（L）以及"知识技术因素"（A）是必不可少的变量。在现实的生产过程中也总是要依赖一定的资本、劳动和知识技术等要素的投入。于是，将考虑技术创新增强劳动力生产效率的索洛生产函数形式设定为：

$$Y = K^\alpha (AL)^{1-\alpha} \tag{2-12}$$

那么人均产出为 $y = \dfrac{Y}{L}$，人均资本为 $k = \dfrac{K}{L}$，进一步由上式可得出人均产出为：

$$y = \frac{Y}{L} = \frac{K^\alpha (AL)^{1-\alpha}}{L} = \left(\frac{K}{L}\right)^\alpha A^{1-\alpha} = k^\alpha A^{1-\alpha} \tag{2-13}$$

给定资本存量变动量为 $\dot{K} = sY - \delta K$，其中，δ 表示资本折旧率，s 表示外生给定的储蓄率。利用变量增长率等于其对数的时间导数的性质，可得出人均资本变动率为：

$$g(k) = \frac{\dot{k}}{k} = \frac{\dot{K}}{K} - \frac{\dot{L}}{L} = \left[\frac{(sY - \delta K)}{K}\right] - n \tag{2-14}$$

其中，n 表示劳动力增长速度 $\left(\dfrac{\dot{L}}{L} = n\right)$。进一步变换可得出人均资本变量为：

$$\dot{k} = sy - (\delta + n)k = sk^\alpha A^{1-\alpha} - (\delta + n)k \tag{2-15}$$

在平衡增长路径上，要实现稳态增长，就意味着 $g(\dot{k}) = 0$。由此可得：

$$\alpha \frac{\dot{k}}{k} + (1 - \alpha) \frac{\dot{A}}{A} - \frac{\dot{k}}{k} = 0 \tag{2-16}$$

进一步简化得：

$$\frac{\dot{k}}{k} = g \tag{2-17}$$

其中，g 为技术 A 的增长率 $\left(\dfrac{\dot{A}}{A}=g\right)$。同理可得：

$$\frac{\dot{y}}{y}=g \tag{2-18}$$

总的来说，索洛模型表明，经济总是收敛于平衡增长路径的，某一国家或者地区制造业要在稳态上保持人均产出的增长，必须保持技术创新和技术进步。

（二）研发创新对制造业出口升级的作用机理

在索洛模型的基础上，借鉴 Feenstra 和 Hanson（1995）以及王菁和齐俊妍（2015）的分析模型，假设最终产品是在价值链上的不同环节上进行生产的，将不同的生产环节用 z 表示，$z \in [0,1]$，0 表示研发设计阶段，1 表示营销阶段，中间的区间表示加工组装阶段。由价值链理论可知，两端的生产区间的附加值高于中间区段的附加值。假设在制造业生产中投入资本和劳动力两种生产要素，由于技术创新及技术进步的作用，劳动力分为非技术型劳动力和技术型劳动力，价值链上全环节生产单位产品所需资本投入量为 $K(z)$，所需的非技术劳动力和技术劳动力数量分别为 $a_L(z)$ 和 $a_H(z)$。设定每单位资本投入量的报酬为 r_i，每单位技术型劳动力投入量的报酬为 q_i、非技术型劳动力的报酬为 w_i。参照 Marrewijk 等（1997）生产函数模型，假设价值链每一环节的生产函数满足 C-D 生产函数，故令：

$$x(z)=A_i\left[\min\left(\frac{L(z)}{a_L(z)},\frac{H(z)}{a_H(z)}\right)\right]^{\theta}\left[K(z)\right]^{1-\theta} \tag{2-19}$$

其中，A_i 表示研发水平。在这些要素投入和生产阶段上，最终品 Y 被生产出来，其数量取决于：

$$\ln Y=\int_0^1 a(z)\ln x\,dz \tag{2-20}$$

其中，$a(z)$ 表示在 z 环节的产出占整个产出的比重，且 $\int_0^1 a(z)dz=1$。

由于一国或地区技术型、非技术型劳动力的供给与二者间的相对工资具有正向关系，随着非技术型劳动力相对工资的下降，非技术劳动力的供给量自然减少，即：

$$L_i\left(\frac{q_i}{w_i}\right)\leqslant 0\ ,\ H_i\left(\frac{q_i}{w_i}\right)\geqslant 0 \tag{2-21}$$

根据以上假设，国家 i 生产该区段单位产品所需要的最小成本为：

$$c(w_i, q_i, r_i, z, A_i) = \theta^{-\theta}(1-\theta)^{-(1-\theta)}A_i^{-1}[w_i a_L(z) + q_i a_H(z)]^{\theta}r_i^{1-\theta}$$

$$(2-22)$$

其中，A_i^{-1} 表示技术创新引致的技术水平越高，生产成本越小；反之，缺乏技术创新则生产成本越高。$c(w_i, q_i, r_i, z, A_i)$ 是 z 的连续函数，设 z_0 为价值链中附加值最低的环节，则当 $0 \leq z \leq z_0$ 时，$\frac{\partial c}{\partial z} \leq 0$，随着 z 的增加，制造业生产过程由研发、设计等高附加值活动逐渐过渡到加工、组装等低附加值活动，使用的资本和技术型劳动力的数量逐渐减少，非技术型的劳动力数量增加，即 $\frac{\partial a_L(z)}{\partial z} > 0, \frac{\partial a_H(z)}{\partial z} < 0$；当 $z_0 \leq z \leq 1$ 时，$\frac{\partial c}{\partial z} \geq 0$，随着 z 生产过程由组装等程序过渡到营销、渠道、品牌等高附加值区域，使用的资本和技术型劳动力的数量逐渐增加，非技术型的劳动力数量减少，即 $\frac{\partial a_L(z)}{\partial z} < 0, \frac{\partial a_H(z)}{\partial z} > 0$。

价值链的成本面可以表示为：

$$S_i^v = \int_0^1 \theta^{-\theta}(1-\theta)^{-(1-\theta)}A_i^{-1}[w_i a_L(z) + q_i a_H(z)]^{\theta}r_i^{1-\theta}dz \quad (2-23)$$

对发达国家或地区而言，由于技术创新成效显著，因而技术更为先进，故在价值链的高附加值环节的成本低于发展中国家或地区。但是，发达国家或地区由于劳动力成本偏高而欠缺非技术型劳动力，因而在价值链的低附加值的加工组装环节生产成本普遍高于发展中国家或地区。借鉴周彩红（2009）的价值链成本曲线模型，如图 2-5 所示，用字母 c_d 和 c_u 分别表示发达和发展中国家或地区价值链成本，且发达国家或地区的价值链成本曲线与发展中国家或地区的价值链成本曲线相交于 z_1、z_2 两点，则有：

$$c_u(w_u, q_u, r_u, z_1, A_u) = c_d(w_d, q_d, r_d, z_1, A_d) \quad (2-24)$$

$$c_u(w_u, q_u, r_u, z_2, A_u) = c_d(w_d, q_d, r_d, z_2, A_d) \quad (2-25)$$

因此，图 2-5 中，在区段 $z_1 < z < z_2$ 的生产环节一般在发展中国家或地区中完成。在区段 $z \leq z_1$ 和 $z \geq z_2$ 的生产环节一般在发达国家或地区完成。发展中国家价值链要想得到提升，就应该往 z_1 左边或者 z_2 右边移动。根据前述中的C-D生产函数，一国在该产业中的资本收入与劳动收入之比为

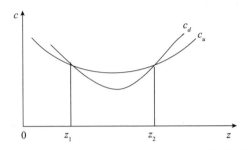

图2-5　发达国家或地区与发展中国家或地区价值链

$\dfrac{(1-\theta)}{\theta}$，也就是：

$$\frac{r_u K_u}{w_u L_u + q_u H_u} = \frac{1-\theta}{\theta} \ , \ \frac{r_d K_d}{w_d L_d + q_d H_d} = \frac{1-\theta}{\theta} \qquad (2-26)$$

用 E 表示生产制造业最终产品 Y 的总成本，则中间投入品的产量表示成：

$$x_i(z) = \frac{a(z)E}{c_i(z)} \qquad (2-27)$$

进而可以推出：

$$L_u = \int_{z_1}^{z_2} \theta \left[\frac{a_L(z)a(z)E}{w_u a_L(z) + q_u a_H(z)} \right] dz \ , \ H_u = \int_{z_1}^{z_2} \theta \left[\frac{a_H(z)a(z)E}{w_u a_L(z) + q_u a_H(z)} \right] dz$$

$$(2-28)$$

$$L_d = \int_0^{z_1} \theta \left[\frac{a_L(z)a(z)E}{w_d a_L(z) + q_d a_H(z)} \right] dz + \int_{z_2}^1 \theta \left[\frac{a_L(z)a(z)E}{w_d a_L(z) + q_d a_H(z)} \right] dz$$

$$(2-29)$$

$$H_d = \int_0^{z_1} \theta \left[\frac{a_H(z)a(z)E}{w_d a_L(z) + q_d a_H(z)} \right] dz + \int_{z_2}^1 \theta \left[\frac{a_H(z)a(z)E}{w_d a_L(z) + q_d a_H(z)} \right] dz$$

$$(2-30)$$

在给定的资源禀赋（L，H_i，K_i）下，竞争性的市场会在 $x_i(z)$ 约束下，实现每个国家和地区的最大化生产，即：

$$E_i(L_i, \ H_i, \ K_i) = \max_{x_i(z)} \int_0^1 p_i(z)x_i(z)dz \qquad (2-31)$$

其中，$p_i(z) = \min[c_u(w_u, \ q_u, \ r_u, \ z, \ A_u), \ c_d(w_d, \ q_d, \ r_d, \ z, \ A_d)]$ 表示中间投入品价格。

令 θ'_{L_i} 在制造业价值链临界环节 z_1 处非技术型劳动力的工资支出占整个环节工资支出的比重，则 $\theta'_{L_i} = \dfrac{w_i a_L(z_1)}{[w_i a_L(z_1) + q_i a_H(z_1)]}$，那么 $\theta'_{H_i} = 1 - \theta'_{L_i}$ 表示制造业价值链临界生产环节 z_1 处技术型劳动力工资支出占整个环节工资支出的比重。由成本函数 $c(w_i, q_i, r_i, z, A_i) = \theta^{-\theta}(1-\theta)^{-(1-\theta)} A_i^{-1} [w_i a_L(z) + q_i a_H(z)]^\theta r_i^{1-\theta}$ 可得：

$$dc = \theta^{-\theta}(1-\theta)^{-(1-\theta)} \theta A_i^{-1} [w_i a_L(z) + q_i a_H(z)]^{\theta-1} r_i^{1-\theta} a_L(z) dw_i +$$
$$\theta^{-\theta}(1-\theta)^{-(1-\theta)} \theta A_i^{-1} [w_i a_L(z) + q_i a_H(z)]^{\theta-1} r_i^{1-\theta} a_H(z) dq_i +$$
$$\theta^{-\theta}(1-\theta)^{-(1-\theta)} A_i^{-1} [w_i a_L(z) + q_i a_H(z)]^\theta (1-\theta) r_i^{-\theta} dr_i +$$
$$\frac{\partial c}{\partial z} dz - \theta^{-\theta}(1-\theta)^{-(1-\theta)} A_i^{-2} [w_i a_L(z) + q_i a_H(z)]^\theta r_i^{1-\theta} dA_i$$

$$(2\text{-}32)$$

那么：

$$\frac{dc}{c} = \frac{\theta a_L(z) dw_i}{w_i a_L(z) + q_i a_H(z)} + \frac{\theta a_H(z) dq_i}{w_i a_L(z) + q_i a_H(z)} + (1-\theta)\frac{dr_i}{r_i} + \frac{\partial c}{\partial z} \cdot \frac{dz}{c} - \frac{dA_i}{A_i}$$
$$= \frac{\theta a_L(z) dw_i}{w_i a_L(z) + q_i a_H(z)} + \frac{\theta a_H(z) dq_i}{w_i a_L(z) + q_i a_H(z)} + (1-\theta)\frac{dr_i}{r_i} + \frac{\partial \ln c}{\partial z} - \frac{dA_i}{A_i}$$
$$= \theta\left(\theta'_{L_i}\frac{dw_i}{w_i} + \theta'_{H_i}\frac{dq_i}{q_i}\right) + (1-\theta)\frac{dr_i}{r_i} + \frac{\partial \ln c}{\partial z} - \frac{dA_i}{A_i}$$

$$(2\text{-}33)$$

因为 $c_u = c_d$，所以 $\dfrac{dc_u}{c_u} = \dfrac{dc_d}{c_d}$，那么：

$$\theta\left(\theta'_{L_u}\frac{dw_u}{w_u} + \theta'_{H_u}\frac{dq_u}{q_u}\right) + (1-\theta)\frac{dr_u}{r_u} + \frac{\partial \ln c_u}{\partial z_1} - \frac{dA_u}{A_u}$$
$$= \theta\left(\theta'_{L_d}\frac{dw_d}{w_d} + \theta'_{H_d}\frac{dq_d}{q_d}\right) + (1-\theta)\frac{dr_d}{r_d} + \frac{\partial \ln c_d}{\partial z_1} - \frac{dA_d}{A_d}$$

$$(2\text{-}34)$$

因此：

$$\left(\frac{\partial \ln c_u}{\partial z_1} - \frac{\partial \ln c_d}{\partial z_1} \right) = \theta \left[\left(\theta'_{L_d} \frac{dw_d}{w_d} + \theta'_{H_d} \frac{dq_d}{q_d} \right) - \left(\theta'_{L_u} \frac{dw_u}{w_u} + \theta'_{H_u} \frac{dq_u}{q_u} \right) \right]$$

$$+ (1 - \theta) \left(\frac{dr_d}{r_d} - \frac{dr_u}{r_u} \right) + \left(\frac{dA_u}{A_u} - \frac{dA_d}{A_d} \right)$$

$$(2-35)$$

将制造业最终产品 Y 的总支出 E 标准化为 1，可以得到要素价格与要素收入中所占份额的关系式：

$$w_u L_u + q_u H_u = \theta \int_{z_1}^{z_2} a(z) dz \ , \ w_d L_d + q_d H_d = \theta \left[\int_0^{z_1} a(z) dz + \int_{z_2}^1 a(z) dz \right]$$

$$(2-36)$$

那么有：

$$\theta'_{L_d} \frac{dw_d}{w_d} + \theta'_{H_d} \frac{dq_d}{q_d} = \left[-\frac{a(z_1)}{E_d} + (\theta'_{H_d} - \lambda_{H_d}) \frac{\partial \ln(q_d/w_d)}{\partial z_1} \right] dz_1 \quad (2-37)$$

$$\theta'_{L_u} \frac{dw_u}{w_u} + \theta'_{H_u} \frac{dq_u}{q_u} = \left[\frac{a(z_2)}{E_d} + (\theta'_{H_u} - \lambda_{H_u}) \frac{\partial \ln(q_u/w_u)}{\partial z_2} \right] dz_2 \quad (2-38)$$

其中，λ_{L_i} 表示国家或地区 i 非技术型劳动工资占总工资比重，λ_{H_i} 表示国家或地区 i 技术型劳动工资占总工资比重，且 $\lambda_{L_i} + \lambda_{H_i} = 1$，进一步推出：

$$dz_1 = \mu_1 \left[(1 - \theta) \left(\frac{dK_u}{K_u} - \frac{dK_d}{K_d} \right) + \left(\frac{dA_u}{A_u} - \frac{dA_d}{A_d} \right) \right] \quad (2-39)$$

$$dz_2 = \mu_2 \left[(1 - \theta) \left(\frac{dK_u}{K_u} - \frac{dK_d}{K_d} \right) + \left(\frac{dA_u}{A_u} - \frac{dA_d}{A_d} \right) \right] \quad (2-40)$$

其中，μ_1 和 μ_2 是大于 0 的参数。由此可以得到结论，z_1 和 z_2 的变化是由不同国家或地区资本禀赋及技术创新所引致的，当发展中国家或地区技术水平出现了相对发达国家或地区的增长 $\left(\frac{dA_u}{A_u} > \frac{dA_d}{A_d} \right)$，就会推动制造业价值链上的临界环节点 z_1 向左攀升，z_2 点向右攀升，这为我国通过研发创新促进制造业价值链攀升提供了理论支撑。

通过上述的理论分析，我们可以知道，研发创新确实对制造业出口升级起到重要作用。随着服务与制造业的相互融合，使服务成为全球价值链上不可或缺的中间投入要素。这些服务要素中蕴含着大量的人力资本和知识资本，在渗透到制造业生产的过程中会带来技术外溢效应和学习效应，从而推动制造业的研发创新，进而提升制造产品的技术复杂度和出口附加值，带动制造业的出口升级。一方面，以高质量的生产性服务要素（技术、知识、人才和管理）嵌入制造业生产中，会逐渐积累人力资本和知识资本。通过投入的服务化，这些服务要素不断融入制造业部门，拓展了技术创新的广度和深度，由此带来技术溢出，从而促进研发创新；另一方面随着服务要素的投入，使制造业部门不断进行模仿和学习，在进口中间服务的过程中会通过"干中学效应"不断提升自己的研发创新能力，提高产品的附加值，进而推动出口升级。但是制造业投入服务化通过研发创新推动制造业出口升级也有个不断演变的过程。在制造业投入服务化初期，表现为制造业部门的知识和人力资本的大量涌入，逐渐激发部门的研发创新能力，进而推动出口升级。当制造业投入服务化超过一定的临界值后，对其他生产要素或者中间要素的"挤出效应"显现，将抑制部门的创新特性，进而阻碍制造业出口升级。

基于此，本书认为，制造业投入服务化对制造业出口升级的影响效应是通过研发创新的中介效应发挥传递作用的。

二、成本效应的机理

本部分试图将 C-D 生产函数进行扩展，把服务要素作为除了劳动和资本的另外一种投入要素。借鉴江静等（2007）和简晓彬（2014）的模型，使用 Dixit-Stiglitz 垄断竞争分析框架，假定制造业具有规模报酬递增性质，用 S 表示制造业生产中各种服务要素的投入组合，即：

$$S = \left\{ \int_0^n \left[x(i) \right]^{1-1/\delta} di \right\}^{1/(1-1/\delta)} \tag{2-41}$$

其中，δ（$\delta > 1$）表示各种生产要素的替代弹性，n 表示制造业中各种服务投入的种类。那么用 C-D 生产函数表示为：

$$f(L, S, K) = AL^\alpha S^\beta K^\delta \tag{2-42}$$

其中，L 表示生产最终品的劳动投入量，S 表示提供服务的劳动数量，K 表示资本，α，β，γ 是参数，且都大于 0，规模报酬递增。为了分析的简化，不同于江静等（2007）的研究，这里假定资本和技术均是外生给定的常量，这样只需要考察劳动和服务两种投入要素。所以，制造业单位产量的成本构成只包括劳动者工资 w 和投入的服务要素成本 P，单位成本的下降可以反映出制造业价值链升级状况，则生产函数设定为：

$$f(L, S) = L^\alpha S^\beta \tag{2-43}$$

成本函数为 $\mathrm{Min}C(w, P) = wL + PS$ ，约束条件为 $f(L, S) = 1$ 。

$$\tag{2-44}$$

根据成本最小化的一阶条件，构造拉格朗日成本函数为：

$$C(w, P, \lambda) = wL + PS + \lambda(L^\alpha S^\beta - 1) \tag{2-45}$$

对其求解一阶偏导数可得：

$$\frac{\partial C}{\partial L} = w + \lambda\alpha L^{\alpha-1}S^\beta = 0 \tag{2-46}$$

$$\frac{\partial C}{\partial S} = P + \lambda\beta L^\alpha S^{\beta-1} = 0 \tag{2-47}$$

$$\frac{\partial C}{\partial \lambda} = L^\alpha S^\beta - 1 = 0 \tag{2-48}$$

求解得到： $\quad L = \left(\dfrac{\beta w}{\alpha P}\right)^{\frac{-\beta}{\alpha+\beta}}, \; S = \left(\dfrac{\beta w}{\alpha P}\right)^{\frac{\alpha}{\alpha+\beta}} \tag{2-49}$

将其代入成本函数，可得：

$$C(w, P) = wL + PS = w \cdot \left(\frac{\beta w}{\alpha P}\right)^{\frac{-\beta}{\alpha+\beta}} + P \cdot \left(\frac{\beta w}{\alpha P}\right)^{\frac{\alpha}{\alpha+\beta}} = \left(\frac{\beta w}{\alpha P}\right)^{\frac{\alpha}{\alpha+\beta}} \cdot \left(\frac{\alpha + \beta}{\beta}\right) \cdot P$$

$$\tag{2-50}$$

设 P_i 为某种生产性服务的价格，由前文分析可知，迪克西特-斯蒂格利茨（D-S）垄断竞争达到均衡时，每种生产性服务的价格均为 $p = \dfrac{mc}{1-1/\delta}$ ，mc 为服务要素的边际成本，则服务总的价格指数 P 为 $p(n,p) = (np^{1-\delta})^{\frac{1}{1-\delta}} = n^{\frac{1}{1-\delta}} \cdot p$ ，那么：

$$C(w, P) = \left(\frac{\beta w}{\alpha P}\right)^{\frac{\alpha}{\alpha+\beta}} \cdot \left(\frac{\alpha + \beta}{\beta}\right) \cdot p \cdot n^{\frac{\beta}{(1-\delta)(\alpha+\beta)}}, \tag{2-51}$$

对 n 求偏导可得：

$$\frac{\partial C(w, P)}{\partial n} = \frac{\beta}{(1 - \delta)(\alpha + \beta)} \cdot \left(\frac{\beta w}{\alpha P}\right)^{\frac{\alpha}{\alpha+\beta}} \cdot \left(\frac{\alpha + \beta}{\beta}\right) \cdot p \cdot n^{\frac{\delta(\alpha+\beta) - \alpha}{(1-\delta)(\alpha+\beta)}}$$

$$\tag{2-52}$$

由 $\delta > 1$ ，$\alpha > 0$ ，$\beta > 0$ ，$p > 0$ ，可知 $\dfrac{\partial C(w, P)}{\partial n} < 0$ 。

因此，我们可以得到一个理论支撑，在制造业生产过程中，随着服务要素投入种类的增加，降低了制造业的单位生产成本，间接证明了其对制造业出口升级的作用。

在上述的机理分析中，发现制造业成本降低效应确实对制造业出口升级产生重要作用。在中国逐渐参与到全球生产网络的过程中，企业或者制造行业格外重视生产成本。因为随着生产的碎片化和精细化，跨国生产成为常态，成本累积和"放大效应"也越来越显现，制造业尤其明显，产生不利于出口倾向的影响。制造业投入服务化作为实现制造强国战略的重要手段之一，是破除中国出口之困的有效方式。目前来看，加工贸易企业已经占据我国制造业的"半壁江山"，但是加工贸易企业"两头在外"的生产特征，表现为知识信息和技术资产基础较薄弱，使中国被锁定在低端的价值链环节，出口贸易中获得的附加值偏低。因此，降低企业成本就显得很有必要。随着制造业投入服务化趋势的不断增强，其通过"成本效应"对制造业出口升级的影响有一个不断演变的过程。在早期，投入的服务要素多是低技术含量、低知识含量、低附加值的，服务化程度较低。此时，如果盲目加大制造业投入的服务化量，可能会给企业带来经营成本上浮和管理复杂程度加大等问题（Gebauer 等，2005），进而导致企业出口附加值降低，不利于价值链的攀升。随着服务中间投入的逐渐提升，更优质、更高效的专业化服务要素的投入，能够直接降低生产成本。另外，随着企业经营和组织的日渐成熟，规模不断扩大，企业可以将非核心环节外包给服务企业，自身专注于主营业务，也能间接降低制造成本（Grossman 和 Rossi-Hansberg，2010）；且随着产业分工的深化，企业生产中的统筹、协调等环节将主要由生产性服务业完成，节约了企业的交易成本（吕政等，2006）。此时，推进制造业投入服务化能够把其资源专注于高知识和技术密集型产品的生产，有利于实现企业的内部规模经济和外部规模经济（刘斌等，2016），降低企业成本，提高企业出口国内增加值，进而带动出口升级。当然，从事一般贸易的企业，其需要承担出口产品从研发设计到生产销售等全部增值环节，使用较多服务中间投入，将制造业和服务业有机结合起来，也把价值链的各个环节串联起来，优化了资源配置，提高了企业生产率，服务化程度的不断提升将有助于降低企业成本，对制造业出口的升级作用更为明显。

基于此，本书认为，制造业投入服务化对制造业出口升级的影响效应是通过成本降低效应的中介渠道发挥作用的。但是由于加工贸易企业和一般贸易企业的生产特征不同，成本的中介效应的发挥会存在差异。

三、分工效应的机理

仍然借鉴周彩红（2009）的价值链成本曲线模型，如图 2-6 所示，用字母 C_d 和 c_u 分别表示发达国家或地区和发展中国家或地区价值链成本，且发达国家或地区的价值链成本曲线与发展中国家或地区的价值链成本曲线相交于 φ 和 η 两点。假设发达国家或地区的生产状况不变，发展中国家或地区的生产工序发生了分工细化，生产的链条变长，表现为生产工序从 $z \in (0, 1)$ 扩展到 $z \in (-\varphi, 1+\varphi)$，由于各工序的专业化能有效提高生产效率，从而使发展中国家或地区的单位成本曲线 $C_u C_u$ 向下移动至 $C_u' C_u'$，与 $C_d C_d$ 相较于 ε 和 ρ 两点。此时，发展中国家或地区在 $z \in (\varepsilon, \rho)$ 的工序段生产，而发达国家或地区在 $z \in (0, \varepsilon)$ 和 $z \in (\rho, 1)$ 两个工序段生产产品，发展中国家或地区明显实现了价值链的提升。极端的情况是当曲线 $C_u C_u$ 随着该产品内分工迂回度的提高，沿着以上路径进一步移动至 $C_u'' C_u''$ 位置时，发展中国家或地区将发达国家或地区完全挤出该产品全球生产的价值链分工体系，从而完全垄断了该产品的生产和供给。

从以上分析可知生产分工确实可以提升制造业价值链升级，这为下文的实证分析提供了理论基础。

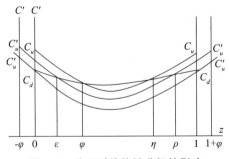

图 2-6　分工对价值链升级的影响

在全球价值链的深入发展趋势下，制造业投入的服务化可能会促使制造商进行更专业化的生产，这样一来在全球生产网络中生产和交易的中间环节越来越多，生产阶段数会越来越大，产业链会越来越长，生产结构复杂度就会越来越高，必然会提升出口产品的质量和技术复杂度，提高出口附加值率，加深全球价值链参与度，提升分工地位。制造业投入服务化是行业生产技术和结构发展的体现，反映了企业所在行业的平均水平。一是充分发挥比较优势参与生产分工，企业参与市场分工调整企业的服务投入水平，对企业参与市场竞争有较为重要的影响。二是制造业投入服务化会通过企业分工和外包实现技术扩散，在均衡情况下整个行业的技术水平会整体提升。三是企业参与生产分工，进行专业化生产，会逐渐提升生产要素的优化配置，提升生产率，增强企业的竞争力，由此推进制造业出口升级。

基于此，本书认为，生产分工效应是制造业投入服务化对制造业出口升级影响的另一作用渠道。

本章小结

本章阐述了本书研究主题的理论基础和相关机理。通过梳理旨在厘清一些相关概念和重要理论，以期为后文的研究奠定理论基础。值得注意的是，本章最重要的一部分是从数理推导上就制造业投入服务化对制造业出口升级的作用机制进行了分析，证明研发创新效应、成本效应和生产分工效应是制造业投入服务化对中国制造业出口升级的三条作用渠道（见图 2-7），为后文的实证分析提供了理论支撑。

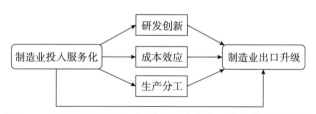

图 2-7　制造业投入服务化影响制造业出口升级的作用机制

第三章

全球价值链视角下中国制造业投入服务化现状和出口表现分析

第一节　全球价值链视角下中国制造业投入服务化现状分析

一、中国制造业投入服务化指标测度

本书研究的主题是制造业投入服务化对制造业出口升级的影响，所以对制造业投入服务化的测度是关键问题之一。

（一）基于消耗系数的测度

本书借鉴刘斌等（2016）、许和连等（2017）以及刘维刚和倪红福（2018）等学者的测度方法，利用投入产出法计算出各制造行业对服务的直接消耗系数和完全消耗系数作为制造业投入服务化水平的代理指标。

其中直接消耗系数反映了某制造部门生产单位产出对各服务部门的直接消耗程度，表示 j 部门生产单位最终产出 Q_{ij} 所使用的 i 部门的直接投入量。即：

$$a_{ij} = \frac{q_j}{Q_{ij}} \qquad (3-1)$$

完全消耗系数反映的是各制造部门对服务部门的直接消耗和间接消耗的总和。即：

$$b_{ij} = a_{ij} + \sum_{k=1}^{n} a_{ik}a_{kj} + \sum_{i=1}^{n}\sum_{k=1}^{n} a_{is}a_{sk}a_{kj} + \cdots \qquad (3-2)$$

其中，右边第一项表示 j 部门对 i 服务部门的直接消耗，第二项表示 j 部门通过 k 部门对 i 服务部门的第一轮间接消耗，同理，第三项表示第二轮间接消耗，依次类推，测算过程可用矩阵表示为：

$$B = A + A^2 + A^3 + \cdots + A^k + \cdots = (I - A)^{-1} - I \qquad (3-3)$$

其中，B 表示完全消耗系数，A 表示直接消耗系数。

（二）贸易增加值核算方法的内涵服务的测度

随着全球价值链理论和定量研究的快速发展（Hummels 等，2001；Jonson 和 Noguera，2012；Koopman 等，2014），采用贸易增加值核算方法来系统测度和分析当前全球价值链分工模式下的中国制造业服务化水平成为重要方式。本书参考 KPWW 的方法，同时借鉴程大中（2015）、戴翔（2016）、彭水军和袁凯华（2017）、王思语和郑乐凯（2018）以及王向进（2019）的分析方法，构建投入产出模型，基于 WIOD 数据库提供的世界投入产出表在企业层面测算中国制造业出口内涵的服务量。

表 3-1　非竞争型国家投入产出表

投入＼产出		中间使用				最终使用				总产出
		国家 1	国家 2	…	国家 M	国家 1	国家 2	…	国家 M	
中间投入	国家 1	A^{11}	A^{12}	…	A^{1M}	Y^{11}	Y^{12}	…	Y^{1M}	X^1
	国家 2	A^{21}	A^{22}	…	A^{2M}	Y^{21}	Y^{22}	…	Y^{2M}	X^2
	…	…	…	…	…	…	…	…	…	…
	国家 M	A^{M1}	A^{M2}	…	A^{MM}	Y^{M1}	Y^{M2}	…	Y^{MM}	X^M
增加值		V^1	V^2	…	V^M					
总投入		X^1	X^2	…	X^M					

基于表 3-1，将多区域投入产出模型用矩阵形式表示为：

$$\begin{bmatrix} X^1 \\ X^2 \\ M \\ X^M \end{bmatrix} = \begin{bmatrix} A^{11} & A^{12} & L & A^{1M} \\ A^{21} & A^{22} & L & A^{2M} \\ M & M & L & M \\ A^{M1} & A^{M2} & L & A^{MM} \end{bmatrix} \begin{bmatrix} X^1 \\ X^2 \\ M \\ X^M \end{bmatrix} + \begin{bmatrix} \sum_{C=1}^{M} Y^{1M} \\ \sum_{C=1}^{M} Y^{2M} \\ M \\ \sum_{C=1}^{M} Y^{MM} \end{bmatrix} \tag{3-4}$$

其中，$X^R (R=1, 2, \cdots, M)$ 为 N 维列向量，表示经济体 R 的 N 个部门的总产出。A^{CR} 表示经济体 R 对经济体 C 的直接消耗系数。Y^{CR} 表示国家 C 对国家 R 的出口。将上式进一步变换为：

$$
\begin{bmatrix} X^1 \\ X^2 \\ M \\ X^M \end{bmatrix} = \begin{bmatrix} I-A^{11} & -A^{12} & L & -A^{1M} \\ -A^{21} & I-A^{22} & L & -A^{2M} \\ M & M & L & M \\ -A^{M1} & -A^{M2} & L & I-A^{MM} \end{bmatrix} \begin{bmatrix} \sum_{C=1}^{M} Y^{1M} \\ \sum_{C=1}^{M} Y^{2M} \\ M \\ \sum_{C=1}^{M} Y^{MM} \end{bmatrix}
$$

$$
= \begin{bmatrix} B^{11} & B^{12} & L & B^{1M} \\ B^{21} & B^{22} & L & B^{2M} \\ M & M & L & M \\ B^{M1} & B^{M2} & L & B^{MM} \end{bmatrix} \begin{bmatrix} \sum_{C=1}^{M} Y^{1M} \\ \sum_{C=1}^{M} Y^{2M} \\ M \\ \sum_{C=1}^{M} Y^{MM} \end{bmatrix} \tag{3-5}
$$

在这里，B^{CR} 是 Leonitief 逆矩阵，计算的是完全消耗系数，表示国家 R 每增加一个单位产出对国家 C 的完全消耗。由此可以，对各国出口按增加值来源进行分解，测得服务内涵于制造的价值。具体的分解如下：

$$
\hat{V}B\hat{E} = \begin{bmatrix} \hat{V^1} & 0 & L & 0 \\ 0 & \hat{V^2} & L & 0 \\ M & M & L & M \\ 0 & 0 & L & \hat{V^M} \end{bmatrix} \begin{bmatrix} B^{11} & B^{12} & L & B^{1M} \\ B^{21} & B^{22} & L & B^{2M} \\ M & M & L & M \\ B^{M1} & B^{M2} & L & B^{MM} \end{bmatrix} \begin{bmatrix} \hat{E^1} & 0 & L & 0 \\ 0 & \hat{E^2} & L & 0 \\ M & M & L & M \\ 0 & 0 & L & \hat{E^M} \end{bmatrix}
$$

$$
= \begin{bmatrix} \hat{V^1}B^{11}\hat{E^1} & \hat{V^1}B^{12}\hat{E^2} & L & \hat{V^1}B^{1M}\hat{E^M} \\ \hat{V^2}B^{21}\hat{E^1} & \hat{V^2}B^{22}\hat{E^2} & L & \hat{V^2}B^{2M}\hat{E^M} \\ M & M & L & M \\ \hat{V^M}B^{M1}\hat{E^1} & \hat{V^M}B^{M2}\hat{E^2} & L & \hat{V^M}B^{MM}\hat{E^M} \end{bmatrix}
$$

$$
\tag{3-6}
$$

其中，$\hat{V^R}$ 表示国家 R 增加值率方阵，其对角线向量为国家 R 各行业增加值率。$\hat{E}^R$ 是国家 R 出口贸易矩阵。那么各国出口增加值中来源于国内的部分就用式（3-6）中的第二个等号后矩阵中的对角线元素表示，各国出口增加值中由外国创造的部分就用矩阵中每列的非对角线元素表示。由此，一国出口内涵的国内增加值和国外增加值就可以通过矩阵运算求得。

服务投入创造的价值增值隐含在制造业总出口中。因此，从服务投入的角度将制造业服务化率定义为制造业出口内涵的增加值中来源于服务行业的比重，则国家 R 的 i 制造业服务化率可以表示为：

$$Ser_{R,i} = \sum_C \sum_{j\in s} V_{C,j}(B_{CR})_{ji}E_{R,i}/E_{R,i} \qquad (3-7)$$

其中，i 为制造业，j 为服务业，S 为所有服务行业的集合。$V_{C,j}$ 为国家 C 的 j 服务业增加值率向量。$(B_{CR})_{ji}$ 为国家 R 的 i 制造业对国家 C 的 j 服务业的完全消耗。$E_{R,i}$ 为国家 R 的 i 制造业的总出口量。$V_{C,j}(B_{CR})_{ji}E_{R,i}$ 为国家 R 的 i 制造业内涵服务增加值来源于国家 C 的 j 服务业的部分。

一国制造业出口内涵的服务要素按照来源地可被分解为国内来源和国外来源两部分，那么国家 R 的 i 制造业出口内涵服务增加值可以表示为：

$$Ser_{R,i}\_Z = \sum_{C=R} \sum_{j\in s} V_{C,j}(B_{CR})_{ji}E_{R,i} + \sum_{C\neq R} \sum_{j\in s} V_{C,j}(B_{CR})_{ji}E_{R,i} \qquad (3-8)$$

那么国家 R 的 i 制造业出口内涵国内来源服务化率为：

$$Ser_{R,i}\_D = \sum_{C=R} \sum_{j\in s} V_{C,j}(B_{CR})_{ji}E_{R,i}/E_{R,i} \qquad (3-9)$$

国家 R 的 i 制造业出口内涵国外来源服务化率为：

$$Ser_{R,i}\_F = \sum_{C\neq R} \sum_{j\in s} V_{C,j}(B_{CR})_{ji}E_{R,i}/E_{R,i} \qquad (3-10)$$

同样地，按照服务投入异质性角度，对服务行业进行分类。经过筛选，可以分为运输服务业、电信服务化业、制造业金融服务业和分销零售服务业四类，其他界定不明确的服务行业未列入本书分析中。其中运输服务业集合为 S_1、电信服务业集合为 S_2、金融服务业集合为 S_3、分销零售服务业集合为 S_4。那么可以将制造业出口内涵服务来源增加值分解为：

$$Ser_{R,i}\_s = \sum_C \sum_{j\in s_1} V_{C,j}(B_{CR})_{ji}E_{R,i} + \sum_C \sum_{j\in s_2} V_{C,j}(B_{CR})_{ji}E_{R,i} +$$
$$\sum_C \sum_{j\in s_3} V_{C,j}(B_{CR})_{ji}E_{R,i} + \sum_C \sum_{j\in s_4} V_{C,j}(B_{CR})_{ji}E_{R,i}$$
$$(3-11)$$

进一步地，国家 R 的 i 制造业出口内涵的运输服务化率为：

$$Ser_{R, i}\_transp = \sum_C \sum_{j \in s_1} V_{C, j} (B_{CR})_{ji} E_{R, i} / E_{R, i} \qquad (3-12)$$

$$Ser_{R, i}\_telecom = \sum_C \sum_{j \in s_2} V_{C, j} (B_{CR})_{ji} E_{R, i} / E_{R, i} \qquad (3-13)$$

$$Ser_{R, i}\_finac = \sum_C \sum_{j \in s_3} V_{C, j} (B_{CR})_{ji} E_{R, i} / E_{R, i} \qquad (3-14)$$

$$Ser_{R, i}\_distri = \sum_C \sum_{j \in s_4} V_{C, j} (B_{CR})_{ji} E_{R, i} / E_{R, i} \qquad (3-15)$$

二、中国制造业投入服务化典型事实分析：行业层面分析比较

对制造业投入服务化的现状和特征进行分析可以直观反映出我国制造业投入服务化的情况和存在的问题。随着贸易增加值研究方法的推进，以及国家间投入产出表的公布，为制造业投入服务化的量化提供了基础。下文将利用不同衡量方法从中国制造业行业内部和国家间层面对制造业投入服务化的整体状态、不同类型服务投入、不同来源国服务等角度进行分析。

（一）基于内涵服务化测度的分析

图 3-1 给出了 2000~2014 年中国 18 个制造行业内涵服务化率的平均水平，可以看出，内涵服务化水平最高的前五位是生产计算机、电子和光学产品制造业（C26），电气设备制造业（C27），汽车、拖车和半拖车制造业（C29），生产其他运输设备制造业（C30），机械和设备制造业（C28），其内涵服务化率分别为 28.56%、25.97%、25.39%、25.30% 和 24.63%。其中位于前四位的制造行业均属于技术密集型制造业。这反映出中国技术密集型制造行业内涵的服务要素较多，服务投入比例较高。技术密集型服务制造业的服务化水平最高。内涵服务化水平最低的后五位制造行业是家具制造和其他制造业（C31~C32），食品、饮料、烟草制品制造业（C10~C12），生产焦炭和成品油制造业（C19），木材和软木制品，除家具外；稻草制品和编织材料制造业（C16）、印刷和复制被记录的媒体制造业（C18）。其内涵服务化率分别为 17.39%、17.42%、19.97%、20.00% 和 21.79%。其中除生产焦炭和成品油制造业（C19）外，均属于劳动密集型制造行业。这表明中国制造行业的内涵服务化水平最低的当属劳动密集型制造行业。对于资本密集型制造行业而言，显然其内涵服务化率普遍高于劳动密集型制造行业又低于技术密集型制造行业。这也符合对制造业服务

化水平基本现状事实的直觉判断。表明中国制造业服务化水平依据制造行业的要素密集度的不同呈现不同的服务化现象。

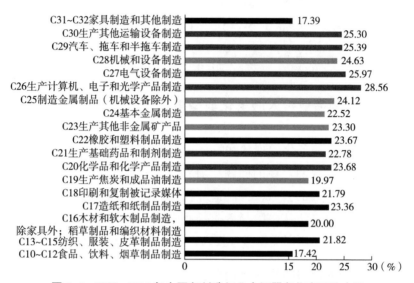

图 3-1　2000～2014 年中国各制造行业内涵服务化率平均水平

资料来源：根据 WIOD 提供的数据参照相应方法计算而来。

结合图 3-2、图 3-3 和图 3-4 可知，不管是劳动密集型制造行业、资本密集型制造行业还是技术密集型制造行业，其内涵服务化水平在 2000～2014 年这个时间段均呈现波动上升的趋势，表明中国制造业服务化趋势愈发明显。对于劳动密集型制造行业而言，内涵服务化率在 15%～28% 这个区间范围内。对于资本密集型制造行业而言，其内涵服务化率普遍在 18%～29% 这个区间范围内。对于技术密集型制造行业而言，其内涵服务化率在 20%～32% 这个区间范围内。

由图 3-5 的 2000 年和 2014 年中国各制造行业内涵国内外服务化率比较可知，各制造行业内涵服务的国内来源远远要高于国外来源，而且国内来源的比重逐渐加大，而国外来源的比重变动较小。这表明中国在全球价值链的参与中，更加注重本国国内服务要素的投入。其中国内来源变动较大的是劳动密集型行业中的纺织、服装、皮革制品制造业（C13～C15）、生产基础药品和制剂制造业（C21）以及技术密集型制造业中的生产计算机、电子和光学产品制造业（C26），其增长率分别为 40.015%、30.98% 和 45.03%。国外来源比重下降幅度较大的是劳动密集型行业中的纺织、服装、皮革制

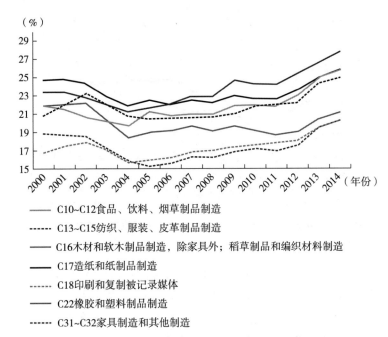

C10~C12食品、饮料、烟草制品制造

C13~C15纺织、服装、皮革制品制造

C16木材和软木制品制造，除家具外；稻草制品和编织材料制造

C17造纸和纸制品制造

C18印刷和复制被记录媒体

C22橡胶和塑料制品制造

C31~C32家具制造和其他制造

图3-2　2000~2014年劳动密集型制造业内涵服务化率变动趋势

资料来源：根据 WIOD 提供的数据参照相应方法计算而来。

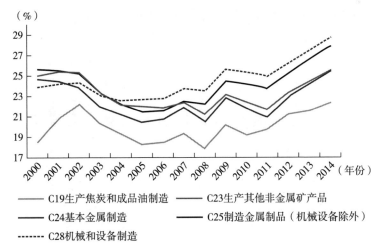

C19生产焦炭和成品油制造　　C23生产其他非金属矿产品

C24基本金属制造　　C25制造金属制品（机械设备除外）

C28机械和设备制造

图3-3　2000~2014年资本密集型制造业内涵服务化率变动趋势

资料来源：根据 WIOD 提供的数据参照相应方法计算而来。

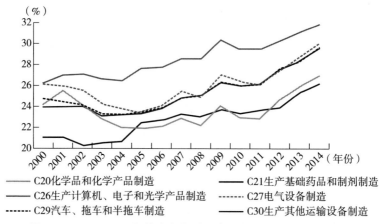

图 3-4　2000~2014 年技术密集型制造业内涵服务化率变动趋势

资料来源：根据 WIOD 提供的数据参照相应方法计算而来。

品制造业（C13~C15）和橡胶和塑料制品制造业（C22）以及技术密集型制造业中的汽车、拖车和半拖车制造业（C29），下降率分别为 37.57%、11.64% 和 10.61%。对比 2000 年和 2014 年，发现 2000 年各制造行业内涵的国内服务来源占比居于前列的制造业普遍属于资本密集型行业，而 2014 年居于前几位的则普遍属于技术密集型行业。这也表明中国制造行业正在通过服务要素的投入进行制造行业的转型升级，即提升资本和技术密集型制造业的服务化水平，逐渐改变过度依赖劳动要素的现状。

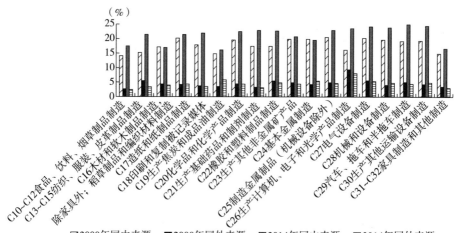

图 3-5　2000 年和 2014 年中国各制造行业内涵国内外服务化率

资料来源：根据 WIOD 提供的数据参照相应方法计算而来。

从图 3-6 可知，2000~2014 年中国制造业出口中内涵分销服务化的水平最高，呈现先下降后上升的趋势。运输服务化的水平在 2000~2008 年高于金融服务化水平，随后金融服务化率提升，逐渐超过了运输服务化率。这两类服务化变动趋势和分销服务化变动趋势一致，均是下降后又波动上升。显而易见，内涵的电信服务化在中国制造业出口中的服务投入份额最低。在 2000~2014 年这个时间段呈现上升下降又逐渐上升的趋势。总体来看，中国制造业的内涵异质服务化率显示的是上升的态势。这也表明中国制造业出口中内涵服务要素的加强。

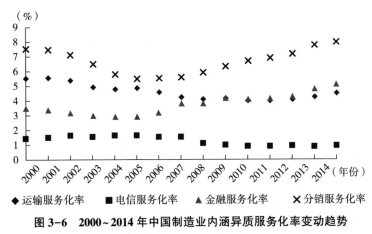

图 3-6　2000~2014 年中国制造业内涵异质服务化率变动趋势
资料来源：根据 WIOD 提供的数据参照相应方法计算而来。

图 3-7 给出了 2000 年和 2014 年中国各制造行业内涵异质服务化率变动情况。可以发现 18 个制造行业出口贸易中的异质服务投入结构比例基本是趋同的。也就是说，不管是 2000 年还是 2014 年，各制造行业中的传统服务要素投入，即内涵的分销和运输服务化率占据的比例较大，而现代化的服务要素投入，即内涵的金融和电信服务化率占据的比例较小。同时可以看到，相较 2000 年，2014 年的大部分制造行业内涵的分销、运输和金融服务化率都增加，而电信服务化率下降。

（二）基于消耗系数测度的分析

由表 3-2 可知，由完全消耗系数测度的 2000~2014 年中国各制造业的服务化水平整体呈现先下降后上升的趋势。由直接消耗系数测度的制造行

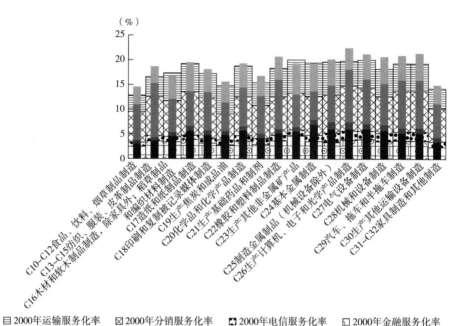

图 3-7 2000 年和 2014 年中国各制造行业内涵异质服务化率

资料来源：根据 WIOD 提供的数据参照相应方法计算而来。

业的服务化水平同完全消耗系数的变动趋势一致。但是直接消耗系数和完全消耗系数测度的服务化水平差异较大。从 2014 年的数据来看，由完全消耗系数测度的中国 2014 年制造业的服务化平均水平为 51.86%，由直接消耗系数测度的平均水平为 14.57%。二者差距较大，表明制造行业直接消耗的服务要素投入较低，服务"内置化"程度较为严重。从制造业行业差异来看，不管是完全消耗系数还是直接消耗系数的测度，化学品和化学产品制造业（C20），机械和设备制造业（C28），计算机、电子和光学产品制造业（C26）等资本和技术密集型行业的服务化水平较高，居于前列。而食品、饮料和烟草制品制造业（C10~C12），纺织、服装、皮革制品制造业（C13~C15）等劳动密集型行业的服务化水平较为落后。这在一定程度上解释了近年来中国劳动密集型产品竞争力不足的原因，也在一定程度上说明了依靠逐渐丧失的劳动力优势去参与全球价值链的分工将会使中国被"低端锁定"。

表 3-2　2000~2014 年中国制造业各行业服务投入消耗系数比较　单位:%

年份 行业	2000		2005		2008		2010		2014	
	直接 消耗	完全 消耗	直接 消耗	完全 消耗	直接 消耗	完全 消耗	直接 消耗	完全 消耗	直接 消耗	完全 消耗
C10~C12	12.59	34.71	11.37	33.91	11.20	33.15	11.67	33.07	13.06	38.60
C13~C15	12.18	38.11	11.78	41.36	10.33	40.96	10.98	40.88	12.30	48.16
C16	15.29	44.66	11.07	41.32	9.15	38.01	9.20	37.98	9.57	42.57
C17	20.21	50.87	16.22	51.39	13.71	45.71	13.88	45.69	15.82	53.22
C18	15.75	42.89	12.03	43.70	10.80	41.01	11.53	41.02	14.01	49.81
C19	13.59	40.24	10.87	43.75	8.64	36.95	8.75	36.60	9.79	44.16
C20	21.02	55.04	17.70	54.91	15.50	49.86	15.51	49.69	17.27	60.16
C21	17.96	45.14	22.53	53.17	20.27	47.59	20.35	47.31	22.05	53.85
C22	13.80	47.13	11.31	46.02	10.76	46.46	11.94	46.44	13.69	55.71
C23	24.47	56.69	21.03	58.21	17.89	51.02	18.23	50.90	19.32	58.35
C24	19.79	56.94	14.68	52.64	12.67	46.28	13.21	46.17	14.42	54.61
C25	17.77	56.37	15.08	53.96	14.25	52.50	16.30	52.52	17.98	61.18
C26	11.91	39.36	12.77	40.82	13.52	41.75	12.79	41.33	14.48	50.25
C27	15.47	51.89	13.04	48.48	12.28	48.48	13.05	48.34	14.60	57.68
C28	15.62	48.58	14.30	49.21	13.33	47.17	14.22	47.12	15.94	55.72
C29	13.95	49.46	13.45	49.83	13.02	49.97	12.83	49.79	14.81	58.74
C30	14.04	48.81	12.54	46.12	11.66	44.17	11.33	44.08	12.04	51.37
C31~C32	12.51	37.11	9.44	32.62	8.88	32.66	9.59	32.61	11.12	39.37
均值	16.00	46.89	13.96	46.74	12.66	44.09	13.08	43.97	14.57	51.86

资料来源:根据 WIOD 数据库提供的 WIOT 表依据前述方法整理计算而得。

从表 3-3 可知,2000 年制造行业的国内服务要素的直接消耗均值为 15.60%,到了 2014 年国内服务要素直接消耗均值下降为 14.08%。国外服务要素直接消耗从 2000 年的 0.39% 增加到 2014 年的 0.49%。对于服务要素的完全消耗均值而言,不管是国内服务要素还是国外服务要素,均表现为增加上升的状态。这表明中国在积极参与融入全球价值链的生产分工中,对国外要素的需求增加。当然,从表 3-3 给出的数据可以看到,各制造行业对国内服务要素的直接消耗和完全消耗均高于对国外的服务要素消耗。此外,不管是从完全消耗系数还是直接消耗系数来看,对国外要素消耗大的制造行业是资本和技术密集型行业。

表3-3 2000年和2014年各制造行业国内外服务投入消耗系数比较

单位：%

行业	2000年				2014年			
	直接消耗		完全消耗		直接消耗		完全消耗	
	国内	国外	国内	国外	国内	国外	国内	国外
C10~C12	12.28	0.31	34.39	0.32	12.80	0.25	38.34	0.26
C13~C15	11.75	0.43	37.64	0.47	12.06	0.23	47.92	0.24
C16	15.02	0.28	44.37	0.30	9.34	0.23	42.33	0.24
C17	19.89	0.33	50.51	0.35	15.41	0.41	52.78	0.43
C18	15.46	0.30	42.56	0.32	13.65	0.36	49.43	0.38
C19	12.80	0.80	39.41	0.83	8.42	1.37	42.69	1.47
C20	20.59	0.43	54.57	0.47	16.84	0.43	59.70	0.47
C21	17.41	0.55	44.58	0.56	21.27	0.79	53.04	0.81
C22	13.51	0.29	46.81	0.33	13.35	0.34	55.35	0.36
C23	24.06	0.41	56.26	0.43	18.74	0.58	57.74	0.61
C24	19.41	0.38	56.54	0.40	13.75	0.67	53.89	0.73
C25	17.42	0.35	56.00	0.37	17.55	0.43	60.72	0.46
C26	11.45	0.46	38.81	0.55	13.74	0.74	49.39	0.86
C27	15.04	0.43	51.43	0.46	14.14	0.46	57.18	0.50
C28	15.28	0.33	48.22	0.36	15.42	0.52	55.16	0.56
C29	13.59	0.36	49.08	0.38	14.46	0.34	58.38	0.37
C30	13.64	0.40	48.38	0.43	11.64	0.39	50.95	0.43
C31~C32	12.23	0.28	36.81	0.30	10.81	0.31	39.03	0.33
均值	15.60	0.39	46.47	0.42	14.08	0.49	51.33	0.53

资料来源：根据WIOD数据库提供的WIOT表依据前述方法整理计算而得。

从图3-8提供的2014年中国各制造行业异质服务消耗情况来看，除生产其他非金属矿产品制造业（C23）和基本金属制造业（C24）外，剩余的16个制造行业出口贸易中的异质服务投入结构比例基本一致，即不管是直接消耗还是完全消耗，分销服务的投入比重最大，其次是运输服务，再次是金融服务，最后是电信服务，而且明显可以看出完全消耗系数测度的各制造行业的服务化水平和直接消耗系数测度的服务化水平之间的差距较大。

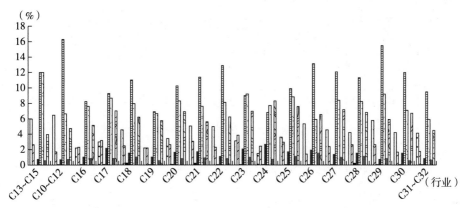

□ 2014年分销直接消耗　　▨ 2014年运输直接消耗　　■ 2014年电信直接消耗　　▣ 2014年金融直接消耗
▤ 2014年分销完全消耗　　▥ 2014年运输完全消耗　　▦ 2014年电信完全消耗　　▨ 2014年金融完全消耗

图 3-8　2014 年中国各制造行业异质服务消耗

资料来源：根据 WIOD 提供的数据参照相应方法计算而来。

三、中国制造业投入服务化典型事实分析：国家层面分析比较

（一）基于内涵服务化测度的分析

从图 3-9 的测算结果可知，中国制造业出口内涵的服务化率从 2000 年的 23.2% 逐渐波动上升到 2014 年的 28.0%，但是服务化水平仍然较低。近几年来，服务化提升速度较快，2012 年超过了韩国的制造业服务化水平，到 2014 年逐渐接近日本和美国的服务化水平。由此可见，中国制造业服务化趋势的增强。对比这五个国家发现，日本的制造业服务化水平明显高于其他国家，但是整体服务化率变动起伏较大。日本和韩国的制造业服务化水平呈现一个下降的态势。美国的制造业服务化水平显示为下降又逐渐上升的一个趋势，美国的制造业服务化水平介于印度和韩国之间。从服务化水平由高到低的次序排列来看，从 2000 年的印度、日本、美国、韩国、中国转变为 2014 年的印度、日本、美国、中国、韩国。可见，这些主要国家的服务化水平发展态势基本稳定。

从图 3-10 显示的结果可以知道，中国制造业出口内涵的国内服务增

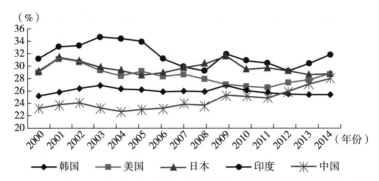

图3-9　2000~2014年中国与其他国家的制造业内涵服务化率比较变动趋势

资料来源：根据 WIOD 提供的数据参照相应方法计算而来。

加，国外服务变动较小。而美国、日本、韩国和印度内涵的国内服务减少，国外服务增加。从 2000~2014 年的均值来看，中国制造业内涵的国外服务业均值显著低于其他国家。国外服务均值由高到低的次序为韩国（12.63%）、印度（6.55%）、日本（4.5%）、美国（4.07%）、中国（3.30%）。内涵的国外服务均值最大的是日本，依次为印度、美国、中国、韩国。同行业层面分析结果一致的是制造业服务化的国内投入要远远高于国外投入。

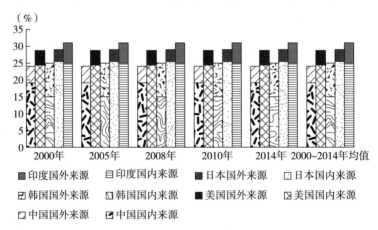

图3-10　2000~2014年中国与其他国家的制造业不同来源内涵服务化率比较

资料来源：根据 WIOD 提供的数据参照相应方法计算而来。

根据图 3-11 的测算结果可知，中国、美国、日本、韩国和印度的制造业出口中内涵的异质服务投入结构基本一致。分销服务和运输服务占据较大比重，金融和电信服务占据比重较小。比较而言，中国和韩国制造业内涵的电信服务化率明显低于其他国家。对于内涵的金融服务化来说，日本和韩国相对较低。可见，不论是发达国家（美国、日本、韩国）还是新兴市场国家（中国和印度），对于传统的运输和分销服务要素的投入差异不大，产生差距的关键在于对现代服务要素（金融和电信服务）的投入上。所以中国在实现制造业服务化的过程中要重视对现代服务要素的投入。

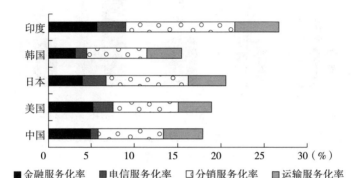

图 3-11　2014 年中国与其他国家制造业总体内涵异质服务化率

资料来源：根据 WIOD 提供的数据参照相应方法计算而来。

（二）基于消耗系数测度的分析

图 3-12 比较了 2000 年和 2014 年中国与其他国家整体制造业服务投入直接消耗和完全消耗系数。值得注意的是，中国制造业的直接消耗系数测度与完全消耗系数的差距明显高于其他国家。2000 年二者相差 30.89%，到了 2014 年相差 37.86%。这表明制造业服务投入的内嵌化程度严重，也恰恰验证了基于出口贸易增加值测算的中国制造业内涵的服务化水平基本介于直接消耗系数和完全消耗系数之间。从直接消耗系数来看，中国制造业的服务化水平并不高，明显低于其他国家。但是从完全消耗系数来看，中国制造业服务化水平又并不低，甚至有超越之势。所以再一次证明在中国参与到全球的生产分工过程中，随着价值链长度的延伸和分工的碎片化，使生产环节越来越细化，跨越国家的次数越来越多，内涵的服务要素也越来越多。

从图 3-13 可以分析出，中国、印度、日本、韩国和美国的制造业出口中服务要素的消耗结构基本一致。此外，韩国和美国的各异质服务的直接

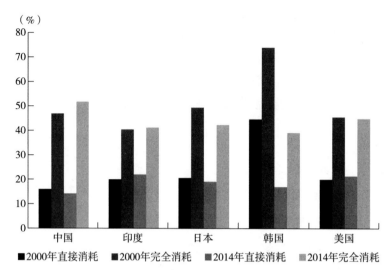

图3-12　2000年和2014年中国与其他国家整体制造业服务投入消耗水平比较

资料来源：根据 WIOD 提供的数据参照相应方法计算而来。

消耗和完全消耗系数差距较小。除分销服务化外，印度和日本的运输、电信和金融服务化的直接消耗系数和完全消耗系数差异也较少。但是中国的各异质服务投入的直接消耗和完全消耗系数差异较大。

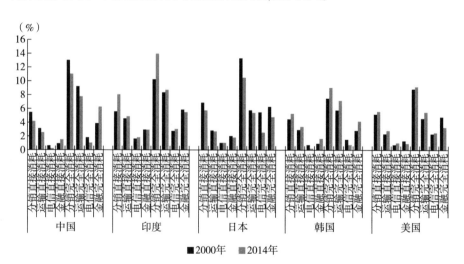

图3-13　2000年和2014年中国与其他国家制造业异质服务消耗系数比较

资料来源：根据 WIOD 提供的数据参照相应方法计算而来。

从图 3-14 可知，由直接消耗系数衡量的中国制造业服务化水平不管是国内消耗还是国外消耗在 2000 年和 2014 年均低于印度、日本、韩国和美国，表明中国制造业直接消耗的服务要素投入较低。由完全消耗系数测度的中国制造业国内和国外服务投入要素相较于 2000 年，都在 2014 年表现为增加的状态。但是国外服务投入增加较平缓，国内服务要素投入的幅度较大。印度、日本、韩国和美国的表现亦如此。

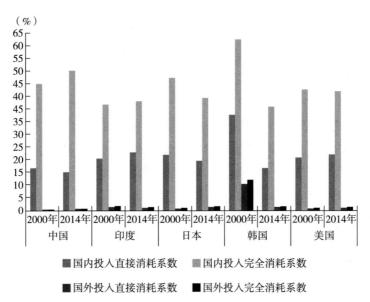

图 3-14　2000 年和 2014 年中国与其他国家制造业投入国内外来源消耗系数比较
资料来源：根据 WIOD 提供的数据参照相应方法计算而来。

第二节　全球价值链视角下
中国制造业出口表现分析

一、中国制造业出口升级指标测度

在全球价值链贸易迅速发展的今天，对贸易附加值进行分解成为国际贸易领域研究的重要选题。由此推演出一些衡量全球价值链视角下出口升级的指标，下文将对主要的指标进行解释和梳理。

（一）全球价值链参与度指标

仍然延续前文的国家间非竞争型投入产出表的应用，借鉴 WWYZ（2017a）基于增加值前向分解和后向分解的测算框架，给出了前向参与度和后向参与度指标。具体来看，通过分解将一国的总生产活动分为纯国内生产活动、传统国际贸易、简单 GVC 活动和复杂 GVC 活动四部分。具体分解公式如下：

$$X = AX + Y = A^D X + Y^D + A^F X + Y^F = A^D X + Y^D + E \quad (3\text{-}16)$$

其中，$A^F = A - A^D$，A^D 表示国内投入消耗系数，A^F 表示国外投入消耗系数，Y 表示最终品和服务的产出，Y^D 表示被国内消费的最终品和服务，Y^F 表示用于出口的最终品，E 表示总出口。那么方程（3-16）可以表示为：

$$X = (I - A^D)Y^D + (I - A^D)^{-1}E = LY^D + LE$$
$$= LY^D + LY^F + LA^F X \quad (3\text{-}17)$$

其中，$L = (I - A^D)^{-1}$，那么进一步可以推演出：

$$\hat{V}B\hat{Y} = \hat{V}L\hat{Y}^D + \hat{V}L\hat{Y}^F + \hat{V}LA^F B\hat{Y}$$
$$= \hat{V}L\hat{Y}^D + \hat{V}L\hat{Y}^F + \hat{V}LA^F L\hat{Y}^D + \hat{V}LA^F \left(B\hat{Y} - L\hat{Y}^D\right) \quad (3\text{-}18)$$

在式（3-18）中，凡是带有符号"∧"的代表的是对角矩阵。右侧第一项表示完全在国内生产和消费的产品增加值。第二项表示以最终出口产品出口体现的增加值。该部分增加值跨境一次，但仅用于最终消费，可视为传统国际贸易。第三项和第四项表示内涵于中间品贸易中的增加值：第三项是通过中间品出口并被进口国直接吸收的增加值，称为"简单 GVC 活动"；第四项是至少跨境两次及以上的完全返回国内生产或者国外最终生产的增加值，属于"复杂 GVC 活动"。

按照行方向去加总式（3-18），可得到各国各行业增加值的去向：

$$va' = \hat{V}B\hat{Y} = \underbrace{\hat{V}L\hat{Y}^D}_{V\_D} + \underbrace{\hat{V}L\hat{Y}^F}_{V\_RT} + \underbrace{\hat{V}LA^F L\hat{Y}^D}_{V\_GVC\_S} + \underbrace{\hat{V}LA^F(B\hat{Y} - L\hat{Y}^D)}_{V\_GVC\_C} \quad (3\text{-}19)$$

按照列方向去加总式（3-18），可得到各国各行业最终产出的增加值来源：

$$Y' = VB\hat{Y} = \underbrace{VL\hat{Y}^D}_{Y\_D} + \underbrace{VL\hat{Y}^F}_{Y\_RT} + \underbrace{VLA^F L\hat{Y}^D}_{Y\_GVC\_S} + \underbrace{VLA^F(B\hat{Y} - L\hat{Y}^D)}_{Y\_GVC\_C}$$

$$(3\text{-}20)$$

从而，一国 GVC 前向参与度和后向参与度可分别表示为：

$$GVCPt_f = \frac{V\_GVC}{va'} = \frac{V\_GVC\_S}{va'} + \frac{V\_GVC\_C}{va'} = \frac{\hat{VLA}^F BY}{va'} \qquad (3\text{-}21)$$

$$GVCPt_b = \frac{Y\_GVC}{Y'} = \frac{Y\_GVC\_S}{Y'} + \frac{Y\_GVC\_C}{Y'} = \frac{VLA^F B\hat{Y}}{Y'} \qquad (3\text{-}22)$$

GVC 前向参与度为一国制造业部门参与 GVC 活动的增加值占一国总增加值的份额，反映了为全球生产提供中间品的能力；GVC 后向参与度用参与全球生产分割活动的国内和国外生产要素对一国最终产品增加值的贡献份额表示，反映其对中间产品的依赖度。

（二）全球价值链位置指数

借鉴 Koopman 等（2010）构建 GVC 分工地位的思路，利用式（3-21）和式（3-22）测算全球价值链位置指数，即 GVC 分工地位：

$$GVC_P = \ln(1 + GVCPt_f) - \ln(1 + GVCPt_b) \qquad (3\text{-}23)$$

式（3-23）表示了一国某部门在全球价值链中的位置，相对值越高表明越靠近价值链的上游。与 Koopman 等（2010）的指标相比，剔除了纯国内生产活动以及传统贸易生产活动的影响，能更精确地反映一国在全球价值链中的分工地位。

（三）出口国内附加值率（DVAR）

借鉴 Wang 等（2013）、王直等（2015）提出的总贸易流分解框架，并仍然沿用上文中的国家间非竞争型投入产出方法进行指标测度。具体计算方法如下：

以简化的三国模型为例，假定每个国家和地区均有 N 个行业，每个行业均可用作其他行业的中间投入品和最终使用品。那么各国总产出表示为：

$$\begin{bmatrix} A^{ss} & A^{sr} & A^{st} \\ A^{rs} & A^{rr} & A^{rt} \\ A^{ts} & A^{tr} & A^{tt} \end{bmatrix} \begin{bmatrix} X^s \\ X^r \\ X^t \end{bmatrix} + \begin{bmatrix} Y^{ss} + Y^{sr} + Y^{st} \\ Y^{rs} + Y^{rr} + Y^{rt} \\ Y^{ts} + Y^{tr} + Y^{tt} \end{bmatrix} = \begin{bmatrix} X^s \\ X^r \\ X^t \end{bmatrix} \qquad (3\text{-}24)$$

其中，Y^{sr}是国家 S 产品被 R 国用作最终使用品的部分，X^s 是国家 S 的产出，X 和 Y 是 $N \times 1$ 的列向量。A^{sr} 为直接消耗系数，是 $N \times N$ 的矩阵。定义 B^{sr} 为完全消耗系数，则 B^{sr} 为 $N \times N$ 的矩阵，$B = (I - A)^{-1} - I$，于是就有：

$$\begin{bmatrix} X^s \\ X^r \\ X^t \end{bmatrix} = \begin{bmatrix} B^{ss} & B^{sr} & B^{st} \\ B^{rs} & B^{rr} & B^{rt} \\ B^{ts} & B^{tr} & B^{tt} \end{bmatrix} \begin{bmatrix} Y^{ss} + Y^{sr} + Y^{st} \\ Y^{rs} + Y^{rr} + Y^{rt} \\ Y^{ts} + Y^{tr} + Y^{tt} \end{bmatrix} \qquad (3-25)$$

因此，国家 S 向 R 国的中间出口可以分解为以下 9 部分：

$$A^{sr}X^r = A^{sr}B^{rs}Y^{ss} + A^{sr}B^{rs}Y^{sr} + A^{sr}B^{rs}Y^{st} + A^{sr}B^{rr}Y^{rs} + A^{sr}B^{rr}Y^{rr} +$$
$$A^{sr}B^{rr}Y^{rt} + A^{sr}B^{rt}Y^{ts} + A^{sr}B^{rt}Y^{tr} + A^{sr}B^{rt}Y^{tt} \qquad (3-26)$$

$V^s \equiv VA^s(X^s)^{-1}$ 表示增加值系数，V^s 为 $1 \times N$ 的行向量，令 $L^{ss} = (I - A^{ss})^{-1}$ 表示单国的 leontief 逆矩阵，L 是 $N \times N$ 矩阵。以 $E^{sr} = A^{sr}X^r + Y^{sr}$ 表示国家 S 向国家 R 的总出口，包括最终出口和中间出口两部分，则国家 S 的总出口可以表示为：

$$E^s = E^{sr} + E^{st} = A^{sr}X^r + A^{st}X^t + Y^{sr} + Y^{st} \qquad (3-27)$$

国家 S 向国家 R 的中间出口可以表示为：

$$A^{sr}X^r = A^{sr}L^{rr}Y^{rr} + A^{sr}L^{rr}E^r \qquad (3-28)$$

因此，依据出口品的价值来源和最终吸收地将一国总出口分解为 16 个增加值和重复计算部分。那么国家 S 向国家 R 出口 E^{sr} 可以拆分为：[①]

$$\begin{aligned}
E^{sr} &= A^{sr}X^r + Y^{sr} \\
&= (V^sB^{ss})^T \# Y^{sr} + (V^rB^{rs})^T \# Y^{sr} + (V^tB^{ts})^T \# Y^{sr} + \\
&\quad (V^sB^{ss})^T \# (A^{sr}X^r) + (V^rB^{rs})^T \# (A^{sr}X^r) + (V^tB^{ts})^T \# (A^{sr}X^r) \\
&= (V^sB^{ss})^T \# Y^{sr} + (V^sL^{ss})^T \# (A^{sr}B^{rr}Y^{rr}) + (V^sL^{ss})^T \# (A^{sr}B^{rt}Y^{tt}) + \\
&\quad (V^sL^{ss})^T \# (A^{sr}B^{rr}Y^{rt}) + (V^sL^{ss})^T \# (A^{sr}B^{rt}Y^{tr}) + \\
&\quad (V^sL^{ss})^T \# (A^{sr}B^{rr}Y^{rs}) + (V^sL^{ss})^T \# (A^{sr}B^{rt}Y^{ts}) + (V^sL^{ss})^T \# (A^{sr}B^{rs}Y^{ss}) + \\
&\quad (V^sL^{ss})^T \# [A^{sr}B^{rs}(Y^{sr} + Y^{st})] + (V^sB^{ss} - V^sL^{ss})^T \# (A^{sr}X^r) + \\
&\quad (V^rB^{rs})^T \# Y^{sr} + (V^rB^{rs})^T \# (A^{sr}L^{rr}Y^{rr}) + (V^rB^{rs})^T \# (A^{sr}L^{rr}E^r) + \\
&\quad (V^tB^{ts})^T \# Y^{sr} + (V^tB^{ts})^T \# (A^{sr}L^{rr}Y^{rr}) + (V^tB^{ts})^T \# (A^{sr}L^{rr}E^r)
\end{aligned}$$

$$(3-29)$$

在式（3-29）中前 8 部分之和表示出口的国内附加值部分，那么出口附加值率就表示为出口的国内附加值与总出口的比值。根据总贸易流分解

---

① 式（3-29）中的"#"表示点乘。

的框架，将 16 部分进行规整并给予一定的经济含义来更好地理解贸易价值分解方法，如图 3-15 所示。

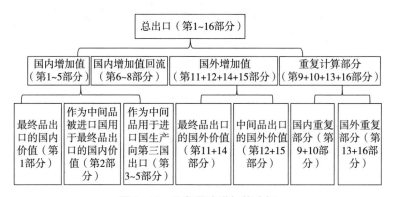

图 3-15　总贸易流增加值分解

资料来源：根据 Zhi Wang, Shang-Jin Wei, Kunfu Zhu. Quantifying International Production Sharing at the Bilateral and Sector Levels［R］. NBER Working Paper 19677, 2013 整理而来。

二、中国制造业出口表现：各指标分行业比较分析

从图 3-16 可以发现，在中国 2001 年加入 WTO 后至 2008 年，中国制造业 GVC 前向参与度和后向参与度均不断上升，表明我国参与全球价值链的程度不断加深。但受到 2008 年金融危机的影响，全球贸易紧缩，中国参与 GVC 的程度急剧下降，之后 2010 年 GVC 前向参与度逐渐趋于波动上升，但是 GVC 后向参与度逐渐下降。而且中国 GVC 后向参与度要高于 GVC 前向参与度，这也符合中国的贸易实情。因为中国在参与国际生产分工网络中，更多地依赖外国中间品的进口去完成最终品的生产。对于 GVC 分工地位而言，中国在全球价值链的分工地位在逐渐上升，但是上升过程较为缓慢。

从图 3-17 可以看出，中国几乎所有的制造行业的 GVC 前向参与度都低于后向参与度，表明在参与全球价值链的生产分工中，中国的制造业生产更多地依赖外国中间产品的进口。也就是说，中国主要以后向参与的方式融入全球价值链的生产网络中。从要素密集型分类来看，技术密集型制造行业，如生产计算机、电子和光学产品制造业（C26），电气设备制造业

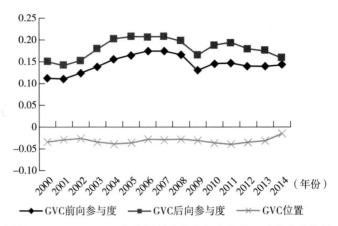

图 3-16　2000~2014 年中国制造业参与度和分工地位变化趋势

资料来源：根据 WIOD 提供的数据参照相应方法计算而来。

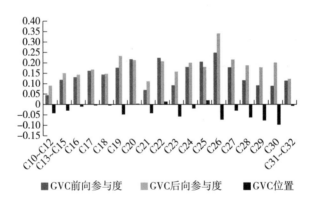

图 3-17　2000~2014 年中国各制造行业 GVC 参与度和位置均值比较

资料来源：根据 WIOD 提供的数据参照相应方法计算而来。

（C27），汽车、拖车和半拖车制造业（C29）等和资本密集型制造行业，如
生产焦炭和成品油业（C19）、制造金属制品制造业（机械设备除外）
（C25）等的 GVC 参与度和显著高于劳动密集型制造业，如食品、饮料烟草
制品制造业（C10~C12），纺织、服装、皮革制品制造业（C13~C15）等，
但是分工地位却表现出相反的趋势。这在一定程度上反映出这两类行业生
产过程的复杂化和精细化，随着全球价值链长度的延伸，必然带来参与的
深入化。但是尽管中国的技术和资本依赖型行业不断融入生产分工中，可
是该类要素密集型行业与发达国家相比，仍然不占据比较优势，故在全球

价值链的分工地位并不高。而中国的劳动密集型制造行业的分工地位较高，可能的原因之一是中国的劳动力优势仍然发挥着作用。此外还发现，劳动密集型制造行业的 GVC 前向参与度与 GVC 后向参与度的差异较小，但是技术密集型制造行业的差异较大，从而揭示了不同要素密集度的行业在参与到价值链的不同生产环节和阶段中，往往会带来不同的分工地位和获利能力。中国制造业出口升级或者转型的途径之一就是要在价值链的生产环节中实现专业化生产。

在图 3-18、图 3-19 和图 3-20 中，均选取了两个典型的劳动密集型制造行业、两个典型的资本密集型制造行业以及两个典型的技术密集型制造行业对 GVC 参与度和 GVC 位置进行了比较，可以发现：三种类型制造行业的 GVC 前向参与度在 2000~2014 年总体呈现上升的趋势。受到 2008 年金融危机的影响，出现下降，随后逐渐回升。对于 GVC 后向参与度来说，这三种类型的制造行业在 2000~2014 年这个时期总体来看是波动下降的变动趋势。在 2000~2009 年是先上升后下降的"倒 U 型"趋势，2009~2014 年又是先上升后下降的"倒 U 型"趋势。从细分行业角度来看，技术密集型的生产计算机、电子和光学产品制造业（C26）的 GVC 参与度最高，劳动密集型的食品、饮料、烟草制品制造业（C10~C12）的 GVC 参与度最低。对于 GVC 位置而言，除基本金属制造业外，其他制造行业的 GVC 位置基本都是波动上升的趋势，尤其是生产计算机、电子和光学产品制造业（C26）的上升幅度最大。这表明中国在全球价值链的分工地位逐渐提升，努力向价值链的上游环节挺进。

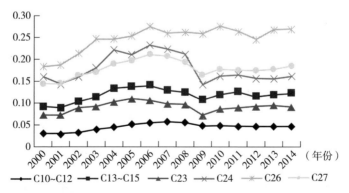

图 3-18　2000~2014 年中国主要制造行业 GVC 前向参与度比较

资料来源：根据 WIOD 提供的数据参照相应方法计算而来。

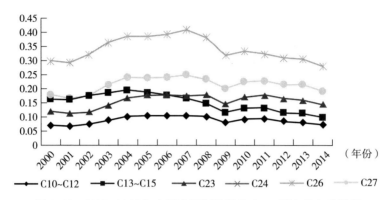

图3-19 2000~2014年中国主要制造行业 GVC 后向参与度比较

资料来源：根据 WIOD 提供的数据参照相应方法计算而来。

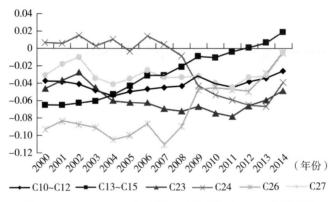

图3-20 2000~2014年中国主要制造行业 GVC 位置比较

资料来源：根据 WIOD 提供的数据参照相应方法计算而来。

通过对表3-4和图3-21的分析可以知道，中国制造业总体出口国内附加值率（DVAR）呈现先下降后上升的变动趋势。在2001年加入世贸组织后，中国制造业出口国内附加值率显著下降，这可能是因为在"入世"后，国外同类产品大规模进入国内市场，尤其对制造业加工贸易而言，中国对国外中间品或者零部件的需求增加，由此引致产生进口竞争，从而使国内商品出口附加值率下降。而2008年金融危机后，贸易保护主义抬头，使出口商采用更多的国内中间品，进而使中国的制造出口品的国内附加值率呈现一定的提升。从细分行业来看，各制造行业在2000~2014年出口国内附加值率与制造业总体的变动趋势一致。但是诸如劳动密集型行业的食品、饮料、烟草制品制造业（C10~C12）的出口国内附加值率显著高于技术密集型的生产计算机、电子和光学产品制造业（C26）。说明在全球价值链分工体系下，中国的劳动力优势仍然发挥着重要作用。从变动幅度来看，劳动密集型行业的食品、饮料、烟草制品制造业（C10~C12）在样本区间范围内基本呈现平稳的趋势，而技术密集型的生产计算机、电子和光学产品制造业（C26）的出口国内附加值增长迅速，这也表明技术密集型行业可以在全球价值链的生产分工中大有作为，获得高附加值率。而劳动密集型行业在参与分工中的获利能力可以说已经处于最大化，发展潜力受限。这也说明高技术或高端产业不见得就是高增加值贡献率产业，而低技术或低端产业也未必是低增加值贡献率产业。实际上，高技术产业其实也有低端链条，而低技术产业中同样也存在高端环节（倪红福，2016）。此外，通过观察图3-21可以发现，中国各制造行业的出口国内附加值率差距逐渐拉大。从2000年各行业的集中趋势到2014年的分散化，预示着在全球价值链的分工链条上，各制造行业要找准各自的定位，实现价值增值。

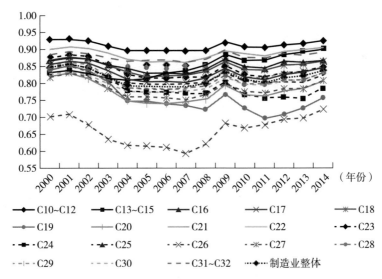

图3-21　2000~2014年中国各制造行业出口国内附加值率（DVAR）变动趋势

资料来源：根据WIOD提供的数据参照相应方法计算而来。

表 3-4 2000~2014 年中国各制造行业出口国内附加值率（DVAR）

行业＼年份	2000	2001	2002	2003	2004	2005	2006	2007	2008	2009	2010	2011	2012	2013	2014
C10~C12	0.93	0.93	0.93	0.91	0.90	0.90	0.90	0.90	0.90	0.92	0.91	0.91	0.91	0.92	0.93
C13~C15	0.84	0.84	0.83	0.82	0.81	0.82	0.82	0.84	0.85	0.89	0.87	0.87	0.89	0.89	0.90
C16	0.87	0.88	0.87	0.86	0.84	0.83	0.83	0.83	0.84	0.88	0.85	0.84	0.86	0.86	0.86
C17	0.86	0.87	0.86	0.84	0.81	0.80	0.81	0.80	0.81	0.84	0.82	0.81	0.83	0.83	0.84
C18	0.87	0.88	0.88	0.86	0.83	0.82	0.82	0.83	0.84	0.86	0.84	0.84	0.85	0.86	0.87
C19	0.85	0.86	0.84	0.80	0.75	0.75	0.74	0.73	0.72	0.77	0.73	0.70	0.71	0.73	0.76
C20	0.82	0.83	0.82	0.78	0.75	0.74	0.74	0.74	0.75	0.80	0.77	0.76	0.78	0.79	0.81
C21	0.90	0.91	0.90	0.89	0.87	0.86	0.87	0.86	0.87	0.90	0.89	0.88	0.89	0.90	0.91
C22	0.82	0.83	0.82	0.79	0.75	0.74	0.74	0.74	0.77	0.81	0.78	0.78	0.80	0.81	0.83
C23	0.88	0.89	0.88	0.86	0.83	0.82	0.82	0.82	0.82	0.85	0.83	0.82	0.83	0.83	0.85
C24	0.84	0.86	0.85	0.82	0.78	0.77	0.78	0.77	0.77	0.80	0.77	0.76	0.76	0.76	0.78
C25	0.84	0.86	0.85	0.82	0.80	0.80	0.80	0.80	0.80	0.83	0.81	0.80	0.81	0.81	0.83
C26	0.70	0.71	0.68	0.64	0.62	0.62	0.61	0.59	0.62	0.68	0.67	0.68	0.69	0.70	0.73
C27	0.82	0.83	0.82	0.79	0.76	0.76	0.76	0.75	0.77	0.80	0.78	0.77	0.79	0.78	0.81
C28	0.85	0.86	0.85	0.81	0.79	0.79	0.79	0.78	0.79	0.82	0.80	0.80	0.81	0.81	0.83
C29	0.86	0.86	0.86	0.82	0.79	0.79	0.78	0.78	0.80	0.84	0.82	0.82	0.83	0.84	0.85
C30	0.83	0.84	0.83	0.80	0.78	0.77	0.78	0.78	0.79	0.82	0.80	0.79	0.81	0.81	0.83
C31~C32	0.89	0.89	0.89	0.88	0.87	0.87	0.87	0.87	0.87	0.90	0.88	0.87	0.89	0.88	0.89
制造业整体	0.85	0.86	0.85	0.82	0.80	0.79	0.79	0.79	0.80	0.83	0.81	0.81	0.82	0.82	0.84

资料来源：根据 WIOD 数据库提供的 WIOT 表依据前述方法计算而得。

三、中国制造业出口表现：各指标国家间比较分析

从图 3-22 可以看出，2000~2014 年中国、印度、韩国和美国制造业的 GVC 前向参与度基本呈现一个波动上升的趋势，也就是说，这五个国家在全球价值链的前向参与度是不断深化的。从前向参与度的含义来看，这五个国家的国内增加值更多地作为中间产品出口到第三国。这也说明了国际生产链的不断延伸以及中间产品生产的多次跨国境变动。相比较而言，韩国、日本、美国等发达国家的 GVC 前向参与度高于中国和印度等新兴市场国家，这从侧面反映了这些发达国家外包生产的现象。

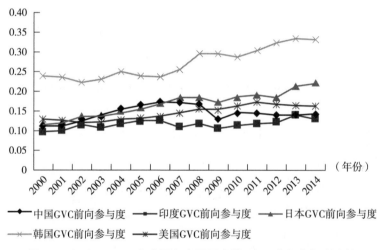

图 3-22　2000~2014 年中国与主要国家的 GVC 前向参与度比较
资料来源：根据 WIOD 提供的数据参照相应方法计算而来。

正如由图 3-23 所揭示的那样，中国和印度等新兴市场国家制造业的 GVC 后向参与度较高，但是近年来中国和印度两国的 GVC 后向参与度呈现下降的趋势。这表明中国在参与全球价值链的过程中，还是处于一个进口国的状态，依赖于对外国中间产品的进口，也可以理解为中国承接来自发达国家的外包项目，但是这种状态正在逐渐转变。比较图 3-22 和图 3-23 可以发现，韩国制造业的 GVC 前向参与度和后向参与度均显著高于其他四国。

从 3-24 可以看出，印度制造业的 GVC 位置最低，但是近年来有上升之

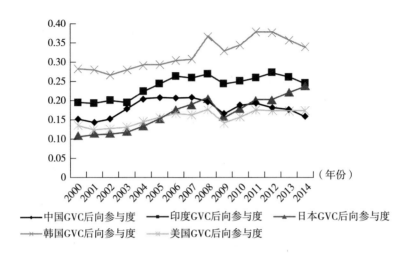

图 3-23　2000~2014 年中国与主要国家的 GVC 后向参与度比较

资料来源：根据 WIOD 提供的数据参照相应方法计算而来。

势。中国和韩国制造业的 GVC 位置表现为上升的趋势，说明了国际分工地位的提升。但是中国的 GVC 位置低于美国和日本。不过，近年来中国的追赶之势不减，与美国和日本的差距逐渐缩小。

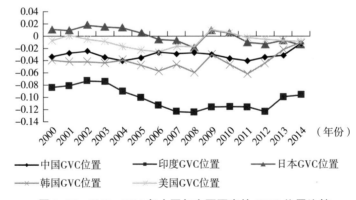

图 3-24　2000~2014 年中国与主要国家的 GVC 位置比较

资料来源：根据 WIOD 提供的数据参照相应方法计算而来。

通过对图 3-25 的观察分析可以得知，中国制造业出口的国内附加值率并不低，近年来还不断提升。日本出口的国内附加值率在 2008 年之前一直高于中国，但是受到金融危机的影响，从 2008 年以后，持续下降，逐渐低

于中国出口国内附加值率。近年来印度和美国的出口国内附加值率持续走
低。韩国的国内附加值率与其他国家相比，居于低位水平，但是从 2012 年
开始逐渐提升。对比发现，中国制造业出口国内附加值并不像直观上认为
的那样，反而高于美日韩。可能的原因是：一方面中国作为制造大国，依
靠劳动力优势逐渐融入全球价值链的浪潮中，虽然从事低技能的加工组装
环节，但是劳动力优势最大限度地发挥效果，使制造业产品物美价廉，从
而出口量远远超过其他国家，伴随而来的是出口附加值的提升；另一方面
是中国在全球价值链的参与程度还不深，垂直专业化水平较低，自然不会
被其他国家分享出口附加值。

此外，我们发现在 2000~2014 年这个区间段内，五个样本国的出口国
内附加值整体是走低的一个变化过程。中国从 2000 年的 0.85 微降到 2014
年的 0.84，印度从 0.80 降到 0.75，日本从 0.89 降到 0.76，韩国从 0.72 降
到 0.66，美国从 0.79 降到 0.76。这表明参与到全球分工合作中，难免会被
参与其中的国家分摊收益。但是如何能在分工中实现专业化生产，占据附
加值增值较大的环节是重点。

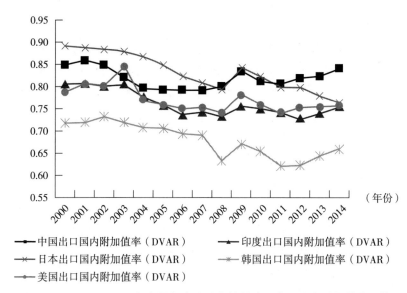

图 3-25　2000~2014 年中国与主要国家的制造业出口国内附加值率比较
资料来源：根据 WIOD 提供的数据参照相应方法计算而来。

本章小结

本书研究的主题就是制造业投入服务化对中国制造业出口升级的影响，所以对制造业投入服务化和出口升级指标的选取和测度是关键。基于此，本章首先对制造业投入服务化的衡量指标进行了构建。本章选用了三种测算方法来衡量制造业投入服务化水平，分别是基于消耗系数测度的直接消耗和完全消耗系数，以及基于贸易增加值核算方法的内涵服务的测度。对于出口升级指标的选取，由于本书是基于全球价值链的视角，所以选用了贸易增加值分解方法框架下的全球价值链参与度（前向和后向参与度）、全球价值链分工位置以及出口国内附加值率三个指标。

对于中国制造业投入服务化而言，虽然三种方法测度的制造业投入服务化水平的数值大小存在差异，但是制造业投入服务化水平的变动趋势和服务投入构成结构是一致的。表现为各制造业投入服务化水平在 2000~2014 年这个区间内呈现波动上升的趋势。制造业投入服务化水平依据制造业的要素密集度的不同呈现不同的服务化现象。技术密集型制造业的服务化水平最高，资本密集型制造业次之，劳动密集型制造业的服务化水平最低。中国各制造行业来源于国内服务投入比重远远大于国外服务投入比重。各制造行业中的传统服务要素投入，即分销和运输服务化率占据较大比例，而现代化的服务要素投入，即电信服务化和金融服务化比重较小。各制造行业的分销服务化、运输服务化、电信服务化和金融服务化均呈现波动上升的趋势。与其他国家相比，近年来中国制造业服务化趋势不断增强，但是仍然低于美国和日本等发达国家，也低于印度等新兴市场国家。

从中国制造业的出口升级现状来看，中国 GVC 后向参与度要高于 GVC 前向参与度，但是 GVC 前向参与度呈现波动上升的趋势，GVC 后向参与度表现为下降的态势。对于 GVC 分工地位而言，中国在全球价值链的分工地位在逐渐上升，但是上升过程较为缓慢。中国制造业总体出口国内附加值率呈现先下降后上升的变动趋势。从国家间比较来看，韩国、日本、美国等发达国家的 GVC 前向参与度高于中国和印度等新兴市场国家。而中国和印度等新兴市场国家的制造业的 GVC 后向参与度较高。近年来，中国和韩国制造业的 GVC 位置表现为上升趋势，说明了国际分工地位的提升，但是低于美国和日本。不过，近年来中国的追赶之势不减，与美国和日本的差距逐渐缩小。与其他主要国家相比，中国制造业出口的国内附加值率并不低，甚至有赶超之势。

第四章

基于行业层面的制造业投入
服务化对中国制造业出口
升级影响的实证分析

在前文中的作用机制分析中，表明制造业投入服务化对中国制造业出口升级产生重要影响。本章将从制造业行业层面就制造业投入服务化对中国制造业出口升级的影响进行实证分析，检验制造业整体服务化和各异质服务化对中国制造业出口升级的影响效应。并通过构建中介效应模型进一步分析制造业服务化是如何影响中国制造业出口升级的，以此揭示其背后可能的作用渠道。

第一节　模型设定

为了研究制造业投入服务化对制造业出口升级的影响，参考已有的文献，建立以下模型：

$$Upgrade_{it} = \beta_1 + \beta_2 Ser_{it} + \beta_3 Ser_{it}^2 + \beta_4 Controls_{it} + \nu_i + \nu_t + \mu_{it} \quad (4-1)$$

其中，i 表示制造行业，t 表示时间；$Upgrade_{it}$ 表示制造业出口升级指标；Ser_{it} 表示制造业服务化水平；Ser_{it}^2 表示制造业服务化的二次项，以检验可能存在的非线性影响；$Controls_{it}$ 表示模型的控制变量；ν_i 表示行业固定效应；ν_t 表示时间固定效应；μ_{it} 表示随机干扰项。

第二节　变量选取与数据来源说明

一、变量选取

（一）被解释变量（$Upgrade_{it}$）

分别用全球价值链参与度、全球价值链分工地位和出口国内附加值率作为代理变量。其中全球价值链参与度用 GVC 前向参与度（$GVCpt_f$）和 GVC 后向参与度（$GVCpt_b$）来表示。全球价值链分工地位用行业的价值链位置指数（GVC_p）来表示。出口国内附加值率用 $DVAR$ 表示，具体测算方法已在前文中阐述。

（二）核心解释变量

制造业服务化水平（Ser_{it} 和 Ser_{it}^2）。本书采用贸易增加值分解框架下的内涵服务含量作为制造业服务化水平的测度指标。具体测算方法已在前文中叙述。

（三）控制变量

在充分借鉴现有文献的基础上，依据数据的可获得性，选取控制变量。行业总产出（y），用各制造行业总产出的对数值表示，反映行业的规模（王孝松等，2017）；全员劳动生产率（pr），用行业附加值与该行业从业人员之比的对数值表示（王孝松等，2017；吴云霞和蒋庚华，2018）；人均资本存量（cp），用行业实际固定资本存量与行业劳动力人数之比的对数值表示，反映行业的资本禀赋情况（David Dolla 等，2017）；行业对外开放度（$open$），用行业进出口额与行业总产出的比值来表示，反映行业开放水平（吴云霞和马野驰，2020）。

二、数据来源说明

本书用到的中国制造业的 GVC 参与度指标和 GVC 位置指数来自 UIBE 全球价值链数据库。出口国内附加值率和制造业服务化指标由 WIOD 数据库中提供的 WIOT 表依据前述方法计算而来。控制变量的数据均由来自 WIOD 数据库中的社会经济账户（SEA）计算而来。本书最终选取 2000~2014 年 18 个制造行业①的数据作为分析样本。样本描述性统计如表 4-1 所示。

---

① C10~C12 食品、饮料、烟草制品制造、C13~C15 纺织、服装、皮革制品制造，C16 木材和软木制品制造，除家具外；稻草制品和编织材料制造，C17 造纸和纸制品制造，C18 印刷和复制被记录媒体，C19 生产焦炭和成品油，C20 化学品和化学产品制造，C21 生产基础药品和制剂制造，C22 橡胶和塑料制品制造，C23 生产其他非金属矿产品，C24 基本金属制造，C25 制造金属制品（机械设备除外），C26 生产计算机、电子和光学产品制造，C27 电气设备制造，C28 机械和设备制造，C29 汽车、拖车和半拖车制造，C30 生产其他运输设备制造，C31~C32 家具制造和其他制造。

表 4-1 各变量基本统计特征

变量名	变量含义	样本数	均值	标准差	最小值	最大值
$GVCpt_f$	GVC 前向参与度	270	0.1446552	0.0611471	0.0294979	0.2866148
$GVCpt_b$	GVC 后向参与度	270	0.1808425	0.0604103	0.0694776	0.4102126
GVC_p	GVC 位置（分工地位）	270	−0.031269	0.0376895	−0.1260294	0.0631779
$DVAR$	出口国内附加值率	270	0.8180175	0.0607643	0.5942236	0.9310981
Ser	制造业服务化	270	0.2287067	0.0321429	0.1526	0.3192
Ser^2	制造业服务化平方	270	0.0533361	0.014778	0.0232868	0.1018886
y	制造业总产出的对数值	270	12.2827	1.100829	9.954283	14.40977
cp	人均资本存量的对数值	270	5.038026	0.9124428	3.313864	7.714788
pr	劳动生产率的对数值	270	4.215372	0.7527389	2.827883	6.595494
$open$	行业开放度	270	0.0020267	0.004682	0.0000708	0.0313585

三、变量相关关系

基于上述数据，考察了制造业投入服务化与其全球价值链参与度、分工地位和出口国内附加值率的关系。从图 4-1 可以初步判断制造业投入服务化与其 GVC 参与度和出口国内附加值率（DVAR）呈现非线性关系，而与 GVC 分工地位呈现正相关关系。

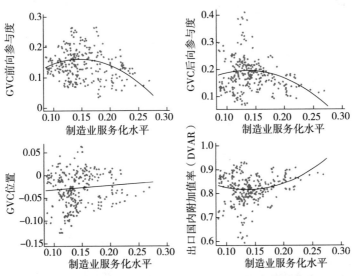

图 4-1 制造业投入服务化与 GVC 参与度、分工地位和出口国内附加值率的散点图

资料来源：根据 Stata14 绘制而成。

第三节　实证结果分析

一、全样本回归结果

（一）基准回归

表 4-2 报告了制造业投入服务化对 GVC 参与度、分工位置和出口国内附加值率影响的基本回归结果。表 4-2 的第（1）、第（3）、第（5）、第（7）列是没有加入控制变量的回归结果，显示制造业投入服务化对我国制造业出口升级的显著影响。第（2）、第（4）、第（6）、第（8）列显示的是加入控制变量后的回归结果。对比发现，制造业服务化的一次项和二次项系数符号未发生变化，而且模型拟合优度提升。具体来看，从表 4-2 的第（1）至第（4）列可知，制造业投入服务化的一次项和二次项系数至少在 10% 的显著性水平下通过检验，且系数符号分别为正和负。表明制造业投入服务化与其 GVC 前向参与度（$GVCpt_f$）和 GVC 后向参与度（$GVCpt_b$）存在显著的"倒 U 型"关系。即制造业服务化对 GVC 参与度的促进作用存在一个阈值，当制造业投入服务化水平没有超过临界值时，服务化程度的提升会显著促进制造业 GVC 参与度。但是当服务化程度过高，超出最优水平时，会对其他中间投入或者生产要素的投入产生"挤出效应"，进而抑制制造业 GVC 参与度。从第（5）和第（6）列可知，制造业投入服务化系数显著为正，且在 1% 的显著性水平下通过检验，表明制造业投入服务化对制造业分工地位（GVC_p）产生显著的正向促进作用。这也就是说制造业投入服务化水平的提升会有助于提高中国制造业在全球价值链生产网络中的位置。从第（7）和第（8）列可知，制造业投入服务化的一项系数为负，二次项系数为正，且在 1% 的显著性水平下通过检验，这表明制造业投入服务化与制造业出口国内附加值率之间存在显著的"U 型"关系。表明当制造业投入服务化水平没有达到一定水平时，不会对制造业出口国内附加值率的提升产生促进作用，当制造业投入服务化水平提升达到且超过一定的阈

值后，制造业投入服务化将显著提升制造业出口国内附加值率。这与许和连等（2017）的研究结论一致。

　　综合来看，用不同的指标来考量中国融入全球价值链的状态得到的结果是存在差异的。制造业投入服务化对中国价值链升级确实起到一定促进作用，但是制造业服务化发展程度的不同对中国融入全球价值链并逐渐实现出口升级的这一过程产生的影响也是存在阶段性特征的。

表 4-2　全样本回归结果：基准回归

变量	(1) $GVCpt_f$	(2) $GVCpt_f$	(3) $GVCpt_b$	(4) $GVCpt_b$	(5) GVC_p	(6) GVC_p	(7) $DVAR$	(8) $DVAR$
Ser	2.692 *** (0.760)	1.795 *** (0.679)	2.257 *** (0.547)	2.353 *** (0.509)	0.198 ** (0.0769)	0.162 * (0.0853)	-2.272 *** (0.554)	-2.362 *** (0.516)
Ser^2	-4.554 *** (1.576)	-1.928 * (1.126)	-5.114 *** (1.109)	-5.423 *** (1.040)			5.289 *** (1.123)	5.581 *** (1.053)
y		0.0182 *** (0.00639)		0.0209 ** (0.00890)		-0.00419 (0.00568)		-0.0206 ** (0.00902)
cp		0.0208 *** (0.00589)		-0.0142 * (0.00809)		0.0352 *** (0.00526)		0.0145 * (0.00820)
pr		-0.0308 *** (0.0109)		0.0156 * (0.00917)		-0.0385 *** (0.00970)		-0.0161 * (0.00929)
$open$		1.607 ** (0.813)		0.233 (0.568)		0.405 (0.725)		-0.129 (0.576)
常数	0.588 *** (0.0926)	0.333 *** (0.0920)	-0.0945 (0.0702)	-0.327 *** (0.125)	-0.0281 (0.0193)	0.0208 (0.0316)	1.087 *** (0.0711)	1.316 *** (0.127)
观测值	270	270	270	270	270	270	270	270
R^2	0.865	0.897	0.942	0.953	0.733	0.783	0.941	0.952

　　注：*** 表示在1%显著性水平下显著；** 表示在5%显著性水平下显著；* 表示在10%显著性水平下显著。括号内的数值为标准误。

（二）现阶段我国制造业服务化水平与最优水平之间的差距

这里对现阶段我国制造业服务化水平与最优水平之间的差距进行分析。通过对表 4-2 第（1）和第（3）列的分析，得到制造业服务化与 GVC 前向参与度（$GVCpt_f$）和 GVC 后向参与度（$GVCpt_b$）的关系：

$$GVCPt_f = 2.692Ser - 4.554Ser^2 + 0.588 \qquad (4-2)$$

$$GVCPt_b = 2.257Ser - 5.114Ser^2 - 0.0945 \qquad (4-3)$$

相对于 GVC 前向参与度而言，制造业服务化的最优水平为 29.56%。相对于 GVC 后向参与度而言，制造业服务化的最优水平为 22.07%。通过计算 2000~2014 年我国制造行业的服务异质性投入均值，发现传统服务投入中的分销服务投入在制造业中的占比为 6.64%，交通运输服务投入占比为 4.59%。现代服务投入中的电信服务投入占比为 1.26%，金融服务投入占比为 3.75%。不管是传统服务投入还是现代服务投入均小于最优水平。这也引出我国制造业服务化水平低的原因之一是传统服务业投入比重较大，而现代服务业发展相对落后，投入比重也较小。另外，OECD 的服务贸易限制指数（STRI）显示中国的服务贸易限制指数高于平均值，导致了服务投入要素不足，降低了我国制造业服务化水平。

二、异质性回归结果

（一）依照不同服务来源的角度

在全球价值链的生产分工体系下，由于生产过程的分节化和精细化，不同生产阶段中所需要的要素不仅来源于本国投入，还有内涵于生产中的国外要素的投入，使参与全球价值链的国家相互紧密地嵌入这种新型的国际生产模式中。已有研究表明，在岸服务外包和离岸服务外包对贸易国的影响存在异质性。基于此，将制造业服务化来源区分为国内自身服务投入和国外服务投入来考察其对 GVC 参与度、GVC 分工地位和出口国内附加值率的影响。从表 4-3 的汇报结果可以发现，国内服务投入与 GVC 前向参与度呈现"倒 U 型"关系，国外服务投入对 GVC 后向参与度的效应显著为正。国内服务投入和国外服务投入均与 GVC 后向参与度呈现"倒 U 型"关系。对于 GVC 分工位置而言，国内投入服务化对其产生显著的正向促进作用，而国外投入服务化对其影响显著为负。对于出口国内附加值率而言，国内服务化与出口国内附加值率存在显著的"U 型"关系，国外服务化对出口国内附加值率的效应显著为负。

表 4-3 按照服务来源的计量结果

变量	(1) $GVCpt_f$ 国内 服务化	(2) $GVCpt_f$ 国外 服务化	(3) $GVCpt_b$ 国内 服务化	(4) $GVCpt_b$ 国外 服务化	(5) GVC_p 国内 服务化	(6) GVC_p 国外 服务化	(7) $DVAR$ 国内 服务化	(8) $DVAR$ 国外 服务化
Ser	7.500 *** (1.886)	2.339 *** (0.234)	5.174 *** (1.822)	1.514 *** (0.377)	0.673 *** (0.116)	-0.594 *** (0.124)	-5.976 *** (1.817)	-2.013 *** (0.193)
Ser^2	-18.87 *** (5.030)		-13.06 *** (4.858)	-7.128 * (3.982)			15.25 *** (4.846)	
y	0.0134 *** (0.00392)	0.00213 (0.00445)	0.0109 *** (0.00378)	-0.00552 (0.00845)	-0.0136 ** (0.00547)	0.00397 ** (0.00197)	-0.0111 *** (0.00377)	-0.00619 ** (0.00308)
cp	0.0288 ** (0.0119)	0.0155 (0.0104)	-0.0309 *** (0.0115)	-0.0288 *** (0.00793)	0.0334 *** (0.00497)	0.0426 *** (0.00577)	0.0295 ** (0.0114)	0.0381 *** (0.00901)
pr	-0.0405 *** (0.0144)	-0.0311 ** (0.0122)	0.0502 *** (0.0139)	0.0420 *** (0.00872)	-0.0292 *** (0.00898)	-0.0691 *** (0.00716)	-0.0500 *** (0.0139)	-0.0604 *** (0.0112)
$open$	2.516 *** (0.760)	4.185 *** (0.700)	0.709 (0.734)	0.292 (0.561)	-0.146 (0.692)	1.425 *** (0.402)	-0.978 (0.732)	-2.145 *** (0.627)
常数	-0.732 *** (0.190)	0.0119 (0.0499)	-0.514 *** (0.184)	0.135 (0.0929)	0.00974 (0.0298)	0.0161 (0.0207)	1.595 *** (0.183)	1.036 *** (0.0324)
样本数	270	270	270	270	270	270	270	270
R^2	0.170	0.423	0.206	0.954	0.806	0.381	0.220	0.419

注：*** 表示在1%显著性水平下显著；** 表示在5%显著性水平下显著；* 表示在10%显著性水平下显著。括号内的数值为标准误。

可能的解释是：目前，中国国内服务投入占绝对比重，国外服务投入相对较低。国内服务投入的增加确实对制造行业的产品升级和技术提升带来重要效用。但是过多的国内服务投入，会挤占其他要素发挥作用，因此国内服务投入对 GVC 参与度要么呈现正向关系，要么呈现"倒 U 型"关系。对于后向 GVC 参与度，意味着在下游生产环节会大量使用来自别国的中间产品来进行生产，所以包含着高技术和高质量化的国外服务作为一种中间投入内嵌于中国的制造业生产过程中，带来的是其对 GVC 后向参与度的"倒 U 型"效应。GVC 位置指数是最直观的衡量中国在全球价值链分工体系中的地位指标，由于国内服务投入占据主导力量，带来的是其显著的促进作用。国外服务投入在生产使用中，可能需要与国内生产要素磨合才能相匹配，所以在起初阶段不会对 GVC 地位产生提升作用。对于出口国内附加值率而言，能否获得较高的出口国内附加值，就意味着在全球价值链中能否获得高额的贸易收益。国内服务投入的盲目投入，会导致生产资源的配置效率降低，非但不会促进出口升级，反而可能会减弱。随着制造行业与服务要素的紧密耦合，服务化水平的加强有助于制造行业占领价值链的高端环节。这也就是国内服务投入带来的是对出口国内附加值率的"U 型"效应。对来源于国外服务的投入，意味着在生产过程中对国外服务的进口需求的增加，成本的提升就表明蕴含在制造业出口中的附加值较低，不利于出口国内附加值率的提升。这也就是国外服务化对中国出口国内附加值率产生负向效应。

综上所述，从制造业服务投入来源的视角看，国内服务投入对 GVC 前向参与度的"倒 U 型"效应强于国外服务投入所产生的正向提升效应；国外服务投入和国内服务投入的共同加强作用，对 GVC 后向参与度产生显著的"倒 U 型"效应；国内服务投入对 GVC 地位提升的正向效应强于国外服务投入对 GVC 地位拉动的负向效应；国内投入服务对出口国内附加值率的"U 型"效应强于国外服务投入对出口国内附加值率提升的负向效应。也就是说，在样本研究范围内，国内服务投入对中国制造业出口升级产生重要的影响。

（二）依照不同服务投入类型的角度

为了考察不同类型的服务投入对制造业 GVC 参与度、GVC 分工地位和出口国内附加值率的影响，本书将服务投入划分为分销服务化、运输服务化、电信服务化和金融服务化。从表 4-4 的第（1）~第（4）列的汇报结果可以发现，运输服务化、电信服务化和金融服务化的系数通过显著性检验。并且运输服务化和电信服务化的回归结果与整体制造业服务化对 GVC 前向参与度的影响一致，均是呈现"倒 U 型"关系。而分销服务化的系数虽为正，但是未通过显著性检验。可能的原因是 GVC 前向参与度反映的是为他国提供中间产品的能力，我国作为制造业大国，主要承接产品的加工组装环节，主要提供的是最终品。所以即使分销服务化投入比例较大，但是对 GVC 前向参与度的提升效果不明显。金融服务化的系数为正，并通过显著性检验。作为现代服务的金融服务的投入，为制造行业的技术和研发创新提供了资金支持，改善融资约束，提升对技术的吸收能力，有利于加深中国在价值链的参与度。运输服务作为传统的劳动密集型服务行业，由于其没有充分发挥整合资源，优化供应链的空间布局等功能，对 GVC 前向参与度表现为"倒 U 型"关系。在"互联网+"和"物联网"时代，电信投入服务化有利于降低通信成本，消除信息阻隔，促进生产网络中的信息技术和制造技术的融合，提高运作效率，逐渐提升 GVC 前向参与度，带动出口升级。但是我国电信服务提供商的垄断状态在一定程度上阻碍了市场竞争和产品创新，长此以往，这又会妨碍出口升级，所以呈现"倒 U 型"。结合表 4-2 可知，制造业服务化对 GVC 前向参与度的"倒 U 型"效应主要是由运输服务化和电信服务化综合引起的。

从表 4-4 第（5）~第（8）列可以发现分销服务化、运输服务化、电信服务化和金融服务化均通过显著性检验。其中分销服务化、运输服务化、电信服务化对 GVC 后向参与度呈现显著的"倒 U 型"影响。这与对制造业整体回归的影响一致。而金融服务化对 GVC 后向参与度产生显著的促进效应。其实，这不难理解，因为我国主要是以后向参与的方式融入全球价值链。不管是传统的分销和运输的服务投入，还是现代化的电信和金融的服务投入，均对中国制造业 GVC 后向参与产生显著影响。分销服务投入属于传统的劳动密集型服务行业，多集中于制造业生产的下游阶段，经营方式比较粗放，消耗的成本较大，创造的附加值较低，过多的分销服务投入，反而会削弱 GVC 后向参与度，所以呈现"倒 U 型"关系。

从表 4-4 的第（9）~第（12）列的回归结果可以得知，只有分销服务化和运输服务化通过显著性检验，并且对中国的 GVC 分工地位产生显著的正向影响。这表明传统的服务投入对中国制造业在 GVC 中的分工地位的提升仍然具有重要拉动作用。分销服务投入意味着生产厂商可以降低库存成本和市场的"搜寻—匹配"成本，利于扩大出口。运输服务投入意味着可以依靠便利的交通基础设施，及时调整要素，优化资源配置（王永进等，2010）。而现代服务要素的投入对 GVC 分工地位并未产生影响。可能是因为现代服务要素的投入耗费成本较高，"成本效应"的存在使没有充分发挥其重要作用（刘斌等，2016）。结合表 4-4 可知，制造业服务化对 GVC 分工地位提升的促进效应主要是分销服务化和运输服务化共同作用的结果。

从表 4-4 的第（13）~第（16）列的回归结果可知，分销服务化、运输服务化和电信服务化均通过显著性检验，并且与制造业整体服务化的回归结果一致，这三类服务投入都对中国制造业出口国内附加值率产生"U型"效应。表明当这三类服务投入没有达到一定水平时，不会对制造业出口国内附加值率的提升产生促进作用，当服务化水平提升达到且超过一定的阈值后，这三类服务投入将显著提升中国制造业出口国内附加值率。金融服务投入化通过显著性检验，并且对中国制造业出口国内附加值率的提升产生正向效应。可能是因为金融资源可以解决制造商的融资需求、环节流动性约束，进而金融服务的投入能够促进制造业技术进步，提高出口品的质量，从而提升出口附加值率（刘斌等，2016）。

综上可知，传统的服务投入（分销和运输服务化）仍然发挥重要作用。现代化的服务投入（电信和金融服务化）对制造业出口升级的作用更不能忽视。现代服务要素与制造业的融合，取决于"成本效应"和"质量效应"的对比。此外，我们发现可能随着不同性质的服务要素的投入，对制造业在全球价值链中的参与度、地位和出口附加值的影响不是同步的，存在时期效应。也就是说，制造业服务化水平在某种水平或者某时期内，可能对 GVC 的嵌入程度和地位是提升作用，但是并不意味着嵌入程度的加深和在全球价值链位置的提升，就一定会伴随着出口附加值率的增加，因为作为制造行业在价值链的每一个链条上都会有高附加值和低附加值的环节。而且不同性质服务要素的投入不同，所以才会存在"倒U型"和"U型"效应。

表4-4　制造业不同服务投入类型的检验

变量	(1)	(2)	(3)	(4)	(5)	(6)	(7)	(8)	(9)	(10)	(11)	(12)	(13)	(14)	(15)	(16)
	GVC_{pf}				GVC_{pb}				GVC_p				DVAR			
	分销服务化	运输服务化	电信服务化	金融服务化	分销服务化	运输服务化	电信服务化	金融服务化	分销服务化	运输服务化	电信服务化	金融服务化	分销服务化	运输服务化	电信服务化	金融服务化
Ser	0.149 (0.153)	17.78*** (4.026)	15.59*** (3.861)	2.020*** (0.476)	2.853*** (0.688)	6.577*** (1.638)	3.685** (1.577)	1.831*** (0.452)	1.034*** (0.172)	0.700*** (0.263)	-1.064 (0.670)	-0.250 (0.293)	-2.808*** (0.701)	-7.190*** (1.651)	-3.815** (1.608)	0.853** (0.359)
Ser2		-168.7*** (41.05)	-304.9** (122.4)		-26.61*** (4.553)	-73.05*** (16.09)	-78.18* (42.53)						26.57*** (4.639)	80.02*** (16.23)	80.85* (43.36)	
y	-0.0233*** (0.00849)	0.0186*** (0.00384)	0.0172*** (0.00364)	0.00613 (0.00408)	0.000401 (0.00745)	-0.00269 (0.00842)	0.0111 (0.00908)	0.00417 (0.00387)	-0.0201** (0.00954)	-0.00470** (0.00266)	-0.00501* (0.00268)	-0.00527* (0.00269)	0.00189 (0.00759)	0.00553 (0.00849)	-0.00932 (0.00925)	0.00257 (0.00751)
cp	-0.00826 (0.0084)	0.0244** (0.0115)	0.0316*** (0.0113)	0.0112 (0.0110)	-0.0297*** (0.00753)	-0.0364*** (0.00834)	-0.0191** (0.00846)	-0.0416*** (0.0104)	0.0240** (0.00944)	0.0376*** (0.00666)	0.0308*** (0.00657)	0.0308*** (0.00686)	0.0308*** (0.00767)	0.0383*** (0.00841)	0.0195** (0.00862)	0.0227*** (0.00747)
pr	-0.0100 (0.00869)	-0.0457*** (0.0146)	-0.0395*** (0.0136)	-0.0266* (0.0137)	0.0381*** (0.00762)	0.0231*** (0.00861)	0.0271*** (0.00902)	0.0573*** (0.0130)	-0.0392*** (0.00977)	-0.0686*** (0.00792)	-0.0601*** (0.00765)	-0.0595*** (0.00807)	-0.0409*** (0.00776)	-0.0250*** (0.00868)	-0.0296*** (0.00920)	-0.0592*** (0.0126)
open	0.651 (0.573)	2.832*** (0.754)	2.707*** (0.733)	3.571*** (0.766)	0.326 (0.504)	0.347 (0.570)	0.0366 (0.594)	1.552** (0.727)	0.497 (0.644)	2.251*** (0.426)	2.301*** (0.429)	2.345*** (0.429)	-0.181 (0.513)	-0.242 (0.574)	0.109 (0.605)	-0.948 (1.002)
常数	0.477*** (0.0987)	-0.472*** (0.107)	-0.199*** (0.0545)	0.0375 (0.0394)	0.0711 (0.0933)	0.110 (0.0995)	-0.0251 (0.107)	0.0219 (0.0374)	0.195* (0.111)	0.0574* (0.0347)	0.112*** (0.0319)	0.107*** (0.0321)	0.904*** (0.0950)	0.868*** (0.100)	1.011*** (0.109)	0.870*** (0.0449)
样本量	270	270	270	270	270	270	270	270	270	270	270	270	270	270	270	270
R²	0.952	0.178	0.214	0.156	0.963	0.953	0.948	0.222	0.841	0.421	0.411	0.407	0.962	0.952	0.946	0.840

注：***表示在1%显著性水平下显著；**表示在5%显著性水平下显著；*表示在10%显著性水平下显著。括号内的数值为标准误。

（三）按照要素密集度分组

借鉴樊茂清和黄薇（2014）的方法以及联合国2009年发布的《所有经济活动的国际标准行业分类》修订本，将 WIOD 数据库中的制造行业按照要素密集度将其划分成三大类别：劳动密集型制造业、资本密集型制造业和技术密集型制造业（见表4-5）。

表4-5　制造行业分类

ISIC. 4 代码	行业名称	所属类别
C10~C12	食品、饮料、烟草制品制造	劳动密集型
C13~C15	纺织、服装、皮革制品制造	
C16	木材和软木制品制造，除家具外；稻草制品和编织材料制造	
C17	造纸和纸制品制造	
C18	印刷和复制被记录媒体	
C31~C32	家具制造和其他制造	
C19	生产焦炭和成品油制造	资本密集型
C23	生产其他非金属矿产品	
C24	基本金属制造	
C25	制造金属制品（机械设备除外）	
C28	机械和设备制造	
C20	化学品和化学产品制造	技术密集型
C21	生产基础药品和制剂制造	
C26	生产计算机、电子和光学产品制造	
C27	电气设备制造	
C29	汽车、拖车和半拖车制造	
C30	生产其他运输设备制造	

通过对制造业部门按照要素密集度进行分组回归，如表4-6所示，可

以发现，制造业投入服务化对劳动密集型和技术密集型制造业的影响与对整体制造业的影响是一致的，但是对资本密集型行业的影响存在差异。具体来看，制造业投入服务化对劳动密集型和技术密集型制造业的 GVC 前向参与度的影响呈现"倒 U 型"效应，而对资本密集型制造业的 GVC 前向参与度产生正向的促进作用。对于 GVC 后向参与度而言，制造业服务化对劳动密集型和技术密集型制造业产生"倒 U 型"效应。对资本密集型制造业的影响虽然为正向，但是系数没有通过显著性检验。与整体制造业的表现最为一致的是不同要素密集度的制造业投入服务化对 GVC 分工地位的影响，从表 4-6 的第（7）~第（9）列可以看到，制造业投入服务化对三种类型的制造业 GVC 分工地位的提升均发挥正向的促进带动作用。由第（10）~第（12）列可以发现，制造业投入服务化对劳动密集型和技术密集型制造业的出口国内附加值率的影响表现为"U 型"关系。综合以上分析，可能的解释是我国制造业的劳动优势虽然减弱，但是劳动力低成本的比较优势仍然发挥重要作用，所以制造业投入的服务化对于劳动密集型制造行业的 GVC 活动影响较为显著。对于技术密集型制造行业，在服务要素渗透到制造业的过程中，带来的是技术的溢出和学习效应的增强，想必会对制造业在全球价值链的参与度、分工地位和出口国内附加值率产生重要影响。投入服务化之所以对资本密集型行业的影响较小或者不显著，是因为服务要素的投入其实需要资金的投入，如果制造业和服务要素的结合不紧密，不会达到"1+1>2"的产出效果，反而会增加生产成本，成本效应的扩大化会影响制造业在全球价值链分工中的表现。

三、内生性与稳健性检验

为了说明回归结果的稳健，本书将围绕基准回归中存在的内生性问题以及指标选取等方面进行稳健性分析。

（一）内生性探讨

考虑到制造业服务化与 GVC 参与度、GVC 分工地位和出口国内附加值率（DVAR）可能存在逆向因果关系，为了消除回归结果可能出现估计偏误

表 4-6 按照要素密集分类的回归结果

变量	(1) 劳动密集型	(2) 资本密集型	(3) 技术密集型	(4) 劳动型密集型	(5) 资本密集型	(6) 技术密集型	(7) 劳动型密集型	(8) 资本密集型	(9) 技术密集型	(10) 劳动型密集型	(11) 资本密集型	(12) 技术密集型
	$GVC_{p_{tf}}$			GVC_{pub}			GVC_p			$DVAR$		
Ser	4.857** (2.176)	1.781** (0.671)	3.909*** (1.097)	2.570*** (0.819)	1.172 (2.300)	3.523*** (0.876)	0.415*** (0.671)	0.804* (0.414)	0.255* (0.148)	-2.553*** (0.842)	-1.020 (2.273)	-3.635*** (0.868)
Ser2	-8.653* (5.159)		-7.336*** (2.252)	-5.528*** (1.842)		-7.714*** (1.799)				5.502*** (1.894)		8.238*** (1.782)
y	-0.0131*** (0.00458)	0.0807*** (0.0197)	-0.0337** (0.0139)	0.0588** (0.0227)	0.0302*** (0.0107)	0.0675*** (0.0111)	-0.00631*** (0.00199)	-0.115*** (0.0365)	-0.0209** (0.00904)	-0.0627*** (0.0234)	-0.0352*** (0.0106)	-0.0684*** (0.0110)
cp	0.0561*** (0.0147)	-0.0391** (0.0188)	0.00395 (0.0249)	0.0633*** (0.0228)	-0.0435*** (0.00966)	0.0583*** (0.0199)	0.0273*** (0.00608)	-0.0133 (0.0160)	0.0775*** (0.0149)	-0.0649*** (0.0234)	0.0428*** (0.00954)	-0.0666*** (0.0197)
pr	-0.0761*** (0.0202)	0.0316 (0.0282)	-0.0427** (0.0181)	-0.0740*** (0.0225)	0.0626*** (0.0148)	-0.0563*** (0.0144)	-0.0198** (0.00874)	0.0689** (0.0340)	-0.0476** (0.0181)	0.0789*** (0.0231)	-0.0617*** (0.0146)	0.0585*** (0.0143)
open	6.903 (4.365)	60.88*** (7.734)	0.915 (0.571)	0.0833 (5.101)	33.10*** (3.978)	-0.135 (0.456)	-1.385 (1.757)	24.60** (10.07)	0.803 (0.614)	-0.355 (5.244)	-33.80*** (3.931)	0.110 (0.452)
常数	-0.320 (0.232)	-1.224*** (0.246)	1.218*** (0.299)	-0.735*** (0.257)	-0.453 (0.275)	-1.072*** (0.239)	-0.0729*** (0.0253)	0.908*** (0.324)	-0.0198 (0.0377)	1.759*** (0.264)	1.493*** (0.272)	2.105*** (0.237)
样本量	105	75	90	105	75	90	105	75	90	105	75	90
R^2	0.470	0.670	0.984	0.934	0.852	0.990	0.431	0.873	0.870	0.935	0.865	0.990

注：*** 表示在 1% 显著性水平下显著；** 表示在 5% 显著性水平下显著；* 表示在 10% 显著性水平下显著。括号内的数值为标准误。

的可能性，采用了两阶段最小二乘估计（2SLS）的方法以求尽可能地克服内生性问题。本书综合许和连等（2017）以及刘斌等（2016）的做法，选取中国制造业投入服务化滞后一期的一次项和二次项作为工具变量，进行2SLS 估计。为验证工具变量的有效性，进行了识别不足检验（Kleibergen-Paap rk LM 检验）、弱工具变量检验（Cragg-Donald Wald F 检验）和过度识别检验（Hansen J 检验）。结果显示，在1%水平下拒绝"工具变量识别不足"的原假设。Cragg-Donald Wald F 统计值远大于10%的可容忍临界值，拒绝存在"弱工具变量"的原假设。Hansen 检验在10%水平下无法拒绝"不存在过度识别"的原假设，说明工具变量的选取是合理的。表4-7第（1）~第（4）列是2SLS 估计结果，与上文普通最小二乘法的回归结果一致。

表4-7 内生性检验

变量	（1）	（2）	（3）	（4）
	IV_2SLS			
	$GVCpt_f$	$GVCpt_b$	GVC_p	$DVAR$
Ser	9.056**	9.035**	0.266*	-9.514**
	(4.298)	(3.952)	(0.138)	(3.980)
Ser^2	-18.28*	-17.94**		19.05**
	(9.349)	(8.585)		(8.649)
y	0.0101*	0.00588	-0.00517	-0.00633
	(0.00518)	(0.00477)	(0.00641)	(0.00489)
cp	0.0371**	-0.0147	0.0272***	0.0137
	(0.0151)	(0.0157)	(0.00805)	(0.0158)
pr	-0.0571***	0.0275	-0.0311***	-0.0275
	(0.0176)	(0.0172)	(0.0110)	(0.0173)
open	2.788***	0.753	0.333	-1.038
	(0.707)	(0.629)	(0.393)	(0.642)
常数	-1.021*	-1.040**	0.0199	2.100***
	(0.527)	(0.484)	(0.0319)	(0.488)
样本量	234	234	234	234
R^2	0.025	0.045	0.793	0.041

续表

变量	（1）	（2）	（3）	（4）
	IV_2SLS			
	$GVCpt_f$	$GVCpt_b$	GVC_p	$DVAR$
Kleibergen-Paap rk LM 统计量	16.488	16.488	38.843	16.488
	[0.0003]	[0.0003]	[0.0000]	[0.0003]
Cragg-Donald Wald F 统计量	10.795	10.795	14.597	10.795
Hansen J 统计量	1.693	1.713	2.704	1.943
	[0.851]	[0.600]	[0.301]	[0.500]

注：*** 表示在1%显著性水平下显著；** 表示在5%显著性水平下显著；* 表示在10%显著性水平下显著。小括号内的数值为标准误，中括号内的数值为相应统计量的 P 值。下表同。弱识别检验使用了 Stock-Yogo 弱识别检验的临界值，最大 IV 水平的临界值分别为 19.93（10%）、11.59（15%）、8.75（20%）、7.25（25%）。

（二）替换制造业投入服务化测算指标

在基准回归中，选用的是贸易附加值分解下的制造业内涵服务化水平。在此，选用制造业投入服务化的完全消耗系数和直接消耗系数作为衡量指标。表4-8第（1）~第（8）列与基准回归相比，制造业服务化的系数大小有所改变，但是在10%的显著性水平上，制造业投入服务化对 GVC 参与度仍然呈现"倒 U 型"关系，对 GVC 分工地位是正向关系。对制造业出口国内附加值率表现为"U 型"关系。这些结果虽然显著性水平和系数大小发生变化，但是符号与基准回归结果一致，证明了回归结果的可靠性。

（三）替换 GVC 参与度和 GVC 分工地位的指标

由于没有找到很有信服力的替换出口国内附加值率的指标，故未对其进行指标替换的稳健性检验。表4-8第（9）~第（11）列中采用的是 Koopman 等（2010）指标来测算 GVC 参与度和分工地位指数。估计结果显示，制造业投入服务化的系数虽与基准回归存在差异，但是其对 GVC 参与度的"倒 U 型"影响没有发生变化，并且对 GVC 分工地位的正向促进作用仍然显著存在，再次证实了估计结果的稳健性。

表4-8 稳健性检验

变量	完全消耗系数			直接消耗系数				Koopman 指标			
	(1)	(2)	(3)	(4)	(5)	(6)	(7)	(8)	(9)	(10)	(11)
	$GVCpt_f$	$GVCpt_b$	GVC_p	$DVAR$	$GVCpt_f$	$GVCpt_b$	GVC_p	$DVAR$	$GVCpt_f$	$GVCpt_b$	GVC_p
Ser	2.644*** (0.618)	2.914*** (0.585)	0.140*** (0.0281)	-2.933*** (0.586)	1.901*** (0.701)	0.987* (0.560)	0.0884* (0.0493)	-1.238* (0.647)	8.396*** (1.230)	0.531** (0.254)	0.0599*** (0.0140)
Ser^2	-2.737*** (0.679)	-3.225*** (0.642)		3.229*** (0.643)	-6.884*** (2.198)	-4.371** (2.068)		4.769** (2.010)	-17.40*** (2.685)	-2.129** (1.063)	
y	0.0152*** (0.00374)	0.0142*** (0.00354)	0.00178 (0.00196)	-0.0139*** (0.00355)	0.0106*** (0.00380)	0.00767** (0.00358)	0.00321 (0.00206)	-0.0186*** (0.00461)	-0.00140 (0.00418)	-0.000412 (0.00290)	-0.00760* (0.00454)
cp	0.0203* (0.0112)	-0.0393*** (0.0106)	0.0515*** (0.00589)	0.0381*** (0.0106)	0.00734 (0.0113)	-0.0495*** (0.0106)	0.0464*** (0.00608)	0.0262** (0.0113)	0.00570 (0.0122)	-0.0251*** (0.00845)	0.0135 (0.0134)
pr	-0.0370*** (0.0140)	0.0541*** (0.0132)	-0.0789*** (0.00731)	-0.0538*** (0.0133)	-0.0179 (0.0140)	0.0701*** (0.0131)	-0.0727*** (0.00754)	-0.0492*** (0.0132)	0.0224 (0.0150)	0.0324*** (0.0104)	0.00694 (0.0165)
$open$	2.944*** (0.771)	1.584** (0.730)	1.219*** (0.407)	-1.852** (0.731)	3.497*** (0.797)	1.840** (0.750)	1.459*** (0.434)	-0.861 (0.760)	4.772*** (0.803)	-0.0970 (0.557)	4.809*** (0.889)
常数	-0.619*** (0.149)	-0.669*** (0.141)	-0.0474** (0.0231)	1.678*** (0.141)	-0.0777 (0.0662)	-0.0102 (0.0623)	-0.0134 (0.0249)	1.190*** (0.0698)	-0.968*** (0.155)	0.142 (0.108)	-0.0282 (0.0493)
样本量	270	270	270	270	270	270	270	270	270	270	270
R^2	0.178	0.246	0.384	0.252	0.150	0.229	0.332	0.345	0.355	0.176	0.160

注：*** 表示在1%显著性水平下显著；** 表示在5%显著性水平下显著；* 表示在10%显著性水平下显著。括号内的数值为标准误。

四、作用机制检验

在前文的机制分析中，提出了制造业投入服务化通过研发创新、成本效应和生产分工效应来影响制造业出口升级。但是基于行业层面的成本数据所限，在行业层面的机制检验，仅考察研发创新和生产分工效应的中介作用。本书引入研发创新和生产分割长度这两个中介变量分别来构建中介效应模型，探讨制造业投入服务化对制造业出口升级的影响渠道。

（一）研发创新

选用大中型工业企业科技活动经费内部支出总额与主营业务收入的比率作为研发创新（RD）的代理变量[①]。借鉴 Edward 和 Lambert（2007）以及许和连等（2017）的做法，对于非线性关系的检验，将作用机制模型设定为：

$$RD = \gamma_1 + \gamma_2 Ser_{it} + \gamma_3 Ser_{it}^2 + \gamma_4 Controls_{it} + \mu_{it} \quad (4-4)$$

$$Upgrade_{it} = \theta_1 + \theta_2 Ser_{it} + \theta_3 Ser_{it}^2 + \theta_4 RD_{it} + \theta_5(RD_{it} \times Ser_{it}) + \theta_6 Controls_{it} + \mu_{it}$$
$$(4-5)$$

对于线性关系的检验，将作用机制模型设定为：

$$RD = \varphi_1 + \varphi_2 Ser_{it} + + \varphi_3 Controls_{it} + \mu_{it} \quad (4-6)$$

$$Upgrade_{it} = \alpha_1 + \alpha_2 Ser_{it} + \alpha_3 RD_{it} + \alpha_4(RD_{it} \times Ser_{it}) + \alpha_5 Controls_{it} + \mu_{it}$$
$$(4-7)$$

其中，模型（4-5）中的 $Upgrade_{it}$ 分别表示的是 GVC 前向参与度、GVC 后向参与度和出口国内附加值率。模型（4-5）综合反映了制造业投入服务化的一次项、二次项、作为中介变量的研发创新以及制造业投入服务化与研发创新交叉项对 GVC 前向参与度、GVC 后向参与度和出口国内附加值率的非线性关系。模型（4-7）反映了制造业投入服务化的一次项、作为中介变量的研发创新以及制造业投入服务化与研发创新交叉项对 GVC 分工地位的线性关系。

从表4-9第（1）列报告的模型（4-4）的回归结果可以发现，制造业

---

① RD 数据由《中国科技统计年鉴》计算而来。由于 WIOD 数据库行业分类与《中国科技统计年鉴》行业分类标准不一致，故对行业进行了合并和调整。

投入服务化与研发创新之间是"U 型"关系。也就是说，制造业投入服务化对研发创新的促进作用存在一个阈值，当达到一定水平后，服务化程度的提升会显著激励制造业的研发创新。第（3）列报告的模型（4-5）的回归结果显示，制造业服务化与 GVC 后向参与度的"倒 U 型"关系依然存在。研发创新的系数为正，并通过显著性检验。制造业服务化和研发创新的交乘项的系数为负，且通过显著性检验。这表明制造业服务化研发创新而影响中国制造业的 GVC 后向参与度。但是由于制造业投入服务化与研发创新之间是"U 型"关系，而制造业服务化与 GVC 后向参与度是"倒 U 型"关系，所以制造业服务化通过研发创新来影响其与 GVC 后向参与度的"倒 U 型"关系有削弱的作用。从第（2）列的回归结果来看，虽然研发创新以及制造业服务化和研发创新的交乘项均通过显著性检验，但是制造业投入服务化的一次项和二次项系数均未通过显著性检验。所以研发创新的中介效用在制造业投入服务化对 GVC 前向参与度的影响上未发挥作用。这可能是因为我国制造行业多以后向参与的方式融入价值链，提供中间品的能力较弱，没有充分发挥服务要素投入到制造过程中对研发创新的激励和带动效用。第（4）列报告的模型（4-5）的回归结果显示，制造业服务化与出口国内附加值率的"U 型"关系依然存在。研发创新的系数为负，并通过显著性检验。制造业服务化和研发创新的交乘项的系数为正，且通过显著性检验。这说明制造业投入服务化与研发创新的"U 型"关系加强了制造业服务化与出口国内附加值率的"U 型"关系。也就是说，制造业服务化通过研发创新而影响出口国内附加值率。证实了研发创新是制造业投入服务化对制造业出口升级的作用渠道。

对于存在线性关系的制造业投入服务化与制造业价值链分工地位而言，从第（5）列呈现的结果可以看到，制造业投入服务化有利于推动制造业研发创新。从第（6）列的回归结果来看，研发创新以及研发创新与制造业服务化的交乘项的系数都为正，且都通过显著性检验，说明制造业投入服务化确实带动了行业的研发创新，进而通过这一传导机制，对价值链分工地位产生提升效应。

通过对以上分析可以发现，制造业投入服务化通过研发创新对中国制造业的 GVC 后向参与度、GVC 分工地位和出口国内附加值率产生重要影响，研发创新是制造业服务化对制造业出口升级的作用渠道之一。这也验证了前文的作用机制。

表4-9 影响机制检验：研发创新

变量	(1) RD	(2) $GVCpt_f$	(3) $GVCpt_b$	(4) DVAR	(5) RD	(6) GVC_p
Ser	-0.337**	-0.490	2.010***	-2.004***	0.1975***	0.293**
	(0.160)	(0.517)	(0.502)	(0.509)	(0.0225)	(0.127)
Ser^2	0.842**	0.994	-4.137***	4.243***		
	(0.349)	(1.099)	(1.067)	(1.081)		
RD		3.905***	5.158***	-5.283***		2.916*
		(1.264)	(1.228)	(1.243)		(1.681)
RD×Ser		-15.31***	-19.86***	20.48***		8.076*
		(5.163)	(5.013)	(5.076)		(4.480)
y	-0.00152***	-0.0225**	0.0168*	-0.0163*	-0.0067***	-0.00404
	(0.000542)	(0.00909)	(0.00883)	(0.00894)	(0.00148)	(0.00260)
cp	-0.00167	-0.0117	-0.0151*	0.0156*	-0.0039***	0.0248***
	(0.00158)	(0.00813)	(0.00790)	(0.00800)	(0.00141)	(0.00683)
pr	-0.000890	-0.0113	0.0205**	-0.0213**	0.0065**	-0.0563***
	(0.00195)	(0.00935)	(0.00908)	(0.00920)	(0.00256)	(0.00796)
open	0.744***	0.669	0.00688	0.0907	0.0347	3.043***
	(0.104)	(0.574)	(0.558)	(0.565)	(0.1926)	(0.453)
常数	0.0755***	0.550***	-0.294**	1.279***	0.0360***	0.187***
	(0.0202)	(0.127)	(0.124)	(0.125)	(0.00845)	(0.0399)
样本量	270	270	270	270	270	270
R^2	0.242	0.955	0.956	0.956	0.727	0.461

注：***表示在1%显著性水平下显著；**表示在5%显著性水平下显著；*表示在10%显著性水平下显著。括号内的数值为标准误。

（二）生产分工

将式（4-4）~式（4-7）中的研发创新变量替换为生产分割长度（PL）来分析其对制造业出口升级的作用渠道。制造业投入的服务化，可能会促使制造商进行更专业化的生产，这样一来在全球生产网络中生产和交易的中间环节越来越多，生产阶段数会越来越大，产业链会越来越长，生产结构复杂度就越来越高，必然会提升出口产品的质量和技术复杂度，提高出口附加值率，加深全球价值链参与度，提升分工地位。

本书基于 Wang 等（2017b）的研究基础，并借鉴闫云凤和赵忠秀（2018）的研究，对生产分割长度进行阐释。将某一行业的生产分割长度定义为行业从最初增加值投入到最终品消费的平均生产阶段数量，即该部门增加值被计算为总产出的次数。具体测算过程如下：仍然依据前文中用到的非竞争型国家间投入产出表，假设有 G 个国家、N 个部门，各个国家各行业的增加值表示为：

$$v = \hat{V}(I - A)^{-1}Y = \hat{V}BY \qquad (4-8)$$

其中，v 是 $GN \times 1$ 的列矩阵，表示隐含在最终品中的直接和间接增加值，$\hat{V}$ 是 $GN \times GN$ 的对角矩阵，对角线元素是直接增加值系数，A 是 $GN \times GN$ 的直接消耗系数矩阵，B 是 $GN \times GN$ 的 Leontief 逆矩阵，Y 是 $GN \times 1$ 的最终使用的列向量。

将所有生产链上隐含的增加值加总，即得到全球价值链上各个国家各行业增加值所推动的总产出 x：

$$x = \hat{V}Y + 2\hat{V}AY + 3\hat{V}AAY + \cdots = \hat{V}(1 + 2A + 3AA + \cdots)Y$$
$$= \hat{V}(B + AB + AAB + \cdots)Y = \hat{V}BBY \qquad (4-9)$$

那么各个国家各行业的生产分割长度（PL）可以表示为：

$$PL = \frac{x}{v} = \frac{\hat{V}BBY}{\hat{V}BY} \qquad (4-10)$$

式（4-10）测度的是一个单位增加值所引起的总产出，即各国每个行业增加值在全球价值链中的足迹。生产链越长，说明该行业增加值被计算为总产出的次数越多。在一定程度上反映了生产过程中间环节的多寡，进而刻画了生产结构的复杂程度。

从表 4-10 第（1）列报告的回归结果可以发现，制造业投入服务化与生产分割之间是"倒 U 型"关系。也就是说，制造业投入服务化对生产分割的促进作用存在一个阈值，当达到一定水平后，服务化程度的提升会削弱制造业的生产分割长度。第（2）列报告的回归结果显示，制造业服务化与 GVC 前向参与度的"倒 U 型"关系依然存在。生产分割的系数为正，且通过显著性检验，表明制造业服务化促进了生产分割。制造业服务化和生产分割的交乘项的系数均为负，且通过显著性检验，这表明制造业服务化通过生产分割的中介效应影响了中国制造业的 GVC 前向参与度，但是这种中介效应的作用在减小。从第（3）列的回归结果来看，制造业服务化与 GVC 前向参与度的"倒 U 型"关系仍然是存在的。生产分割的系数为正，且通过显著性检验。表明生产阶段数的增多会强化中国制造业的后向参与度。制造业服务化和生产分割的交乘项的系数虽为正，但未通过显著性检验。可能是制造业投入服务化与生产分割的"倒 U 型"关系削弱了生产分割的中介传导效用。第（4）列报告的回归结果显示，制造业服务化与出口国内附加值率的"U 型"关系依然存在。生产分割的系数为正，且通过显著性检验。表明生产分割确实对中国出口国内附加值率的提升起到促进作用。但是制造业服务化和生产分割的交乘项的系数不显著，说明生产分割与 DVAR 的关系不受服务中间投入的影响。而且也再一次证实由于制造业投入服务化与生产分割的"倒 U 型"关系削弱了生产分割的中介传导效用。可是即使产生削弱作用，但是生产分割的中介效应仍发挥作用。

对于存在线性关系的制造业投入服务化与制造业价值链分工地位而言，从第（5）列呈现的结果可以看到，制造业投入服务化确实带动了制造业生产过程的复杂化。从第（6）列的回归结果来看，生产分割的系数为正，且通过显著性检验，这说明制造业投入服务化推动了生产过程的复杂化。这种生产结构的复杂化又提升了 GVC 分工地位。制造业服务化和生产分割的交乘项的系数为负，并通过显著性检验，表明制造业投入服务化经由生产分割的中介效应影响到中国制造业在全球价值链中的分工地位，但是这种中介效应的作用在弱化。

综上可知，制造业服务化通过生产分割而影响中国制造业 GVC 参与度、分工地位和出口国内附加值率。证实了生产分割是制造业服务化对制造业出口升级的作用渠道。但是生产分工这种中介效应的传导作用在减弱。

表 4-10　影响机制检验：生产分割长度

变量	(1) PL	(2) GVCpt_f	(3) GVCpt_b	(4) DVAR	(5) PL	(6) GVC_p
Ser	80.76*** (12.76)	2.870*** (0.784)	2.139*** (0.491)	-2.155*** (0.500)	3.526* (1.475)	0.659** (0.285)

续表

变量	(1) PL	(2) GVCpt_f	(3) GVCpt_b	(4) DVAR	(5) PL	(6) GVC_p
Ser^2	−174.2*** (27.85)	−9.699*** (1.724)	−5.852*** (1.011)	5.996*** (1.030)		
PL		0.107*** (0.0277)	0.0619*** (0.0181)	0.0599*** (0.0184)		0.0879*** (0.0214)
PL×Ser		−0.215* (0.123)	0.0997 (0.0697)	−0.0969 (0.0710)		−0.162* (0.0822)
y	0.0347 (0.0433)	0.0126*** (0.00317)	0.0184** (0.00855)	−0.0182** (0.00871)	−0.273*** (0.061)	−0.0228** (0.0100)
cp	0.513*** (0.126)	0.0328*** (0.00832)	−0.0221*** (0.00777)	0.0222*** (0.00792)	0.0229 (0.150)	0.0195** (0.00929)
pr	−0.348** (0.155)	−0.0605*** (0.00985)	0.0108 (0.00869)	−0.0114 (0.00886)	0.253 (0.176)	−0.0268** (0.0104)
open	29.72*** (8.330)	0.587 (0.521)	−0.181 (0.561)	0.269 (0.572)	45.66*** (8.881)	1.146* (0.678)
常数	−7.752*** (1.611)	0.0194 (0.112)	−0.0642 (0.128)	1.062*** (0.130)	4.187*** (0.730)	−0.0302 (0.130)
样本量	270	270	270	270	270	270
R^2	0.276	0.713	0.958	0.957	0.2450	0.841

注：***表示在1%显著性水平下显著；**表示在5%显著性水平下显著；*表示在10%显著性水平下显著。括号内的数值为标准误。

本章小结

本书运用2000~2014年世界投入产出数据库的数据，实证考察了制造业投入服务化对中国在全球价值链参与度、分工地位和出口国内附加值率的影响并检验了相关作用机制。计量结果表明：第一，总体来看，制造业服务化与中国在全球价值链参与度呈现"倒U型"关系；对制造业分工地位产生显著的正向促进作用；制造业投入服务化与制造业出口国内附加值率之间存在显著的"U型"关系。第二，从不同服务来源角度来看，国外和国内服务投入对全球价值链参与度、分工地位和出口国内附加值率的影响均显著，但影响效应存在差异。第三，从不同服务投入类型来看，不管是现代化的服务投入（电信和金融服务化）还是传统的服务投入（批发零售和运输服务化），都对制造业出口升级产生重要影响。由于衡量价值链升级指标的不同，现代服务投入和传统服务投入对其产生的影响存在差异。第四，从行业要素密集度来看，制造业投入的服务化对于劳动密集型制造业和技术密集型制造业的 GVC 活动影响较为显著，对资本密集型业的影响较小或者不显著。第五，从内生性检验和稳健性检验的结果来看，制造业投入服务化对中国制造业的 GVC 活动的影响结果是可靠的，证明了本书的研究结论是稳健的。第六，目前，我国制造业服务化水平整体较低，还未达到制造业投入服务化的最优临界水平，仍都具有很大的提升空间。第七，作用机制检验表明，制造业投入服务化通过研发创新对中国制造业的 GVC 后向参与度、GVC 分工地位和出口国内附加值率产生重要影响。研发创新是制造业服务化对制造业出口升级的作用渠道之一；制造业投入服务化通过生产分工而影响中国制造业 GVC 参与度、分工地位和出口国内附加值率。证实了生产分割是制造业服务化对制造业出口升级的另外一条作用渠道，但是生产分割这种中介效应的传导作用在减弱。

第五章

基于企业层面的制造业投入服务化对中国制造企业出口升级影响的实证分析

第四章是从制造业行业层面就制造业投入服务化对中国制造业出口升级的影响进行实证分析。本章将从微观企业层面来考察制造业投入服务化对中国制造企业出口升级的影响。对企业层面的出口升级指标的衡量采用的是制造企业出口产品质量。

自改革开放以来，中国企业在出口导向型发展战略引导下，凭借低成本优势积极融入以发达国家跨国公司主导的全球价值链（Global Value Chain，GVC），创造了"出口扩张奇迹"和"经济增长奇迹"。但随着我国劳动力成本优势减弱和西方制造业回流加快，中国制造业出口正面临着双重挤压。尤其是当前，全球经济增长乏力，再加之以美国为首的西方发达国家不断兴起国际贸易保护主义，这都使中国出口贸易增长的国际环境的不确定性日益凸显。近年来，中国积极调整经济发展战略，从高速增长步入"新常态"，再到现在的高质量发展，无不是从我国自身发展实际出发，适应国际格局变化的战略调整。党的十九大提出的高质量发展是中国推动质量变革、打造质量强国和贸易强国的重中之重，更是"中国制造"向"中国创造"攻关的重要之举。质量的提升，尤其是出口产品质量的提升是国家创新力和竞争力的集中体现，本书将制造业服务化作为企业出口产品质量升级的内在动力，对于我国出口贸易转型升级、建设贸易强国和发展高质量经济具有重要意义。

随着新新贸易理论的发展，产品质量逐渐成为国际贸易研究领域的热点问题。从现有的研究来看，关于出口产品质量的文献主要集中在两个方面：一是基于微观层面的理论框架对出口产品质量的测算方法进行改进和完善。如 Shott（2004）、Hallak（2006）等学者较早青睐于用产品价格来衡量产品的质量，但是将产品质量和产品价格对等起来，确实存在一定的局限性，毕竟价格还蕴含着成本信息。随着研究的日益广泛和深入，Khandelwal 等（2013）综合考察产品的价格和数量，利用事后推理的逻辑测算产品质量。他们认为如若两种产品的价格相同，则市场绩效越好的产品其质量越高。这种测算产品质量的方法简单来说就是给定产品的价格和数量，利用计量经济学的手段去逆向推算产品质量。随后，该方法得到学者的认可，被广泛效仿，如施炳展（2013）、苏丹妮等（2018）、Gervais（2015）、Fan

等（2015）。但是该类方法的不足之处是仅考虑需求面而忽略供给面，其实证的关键价格变量存在测量误差，且得到的测算值跨时跨国不可比，于是余淼杰和张睿（2017）系统地考虑了供给面和需求面因素，提出基于微观数据的新的出口质量测算办法。并探究影响企业出口产品质量的因素。已有研究主要关注政府补贴（张杰等，2015；张洋，2017；唐丹丹和唐娇美，2019）、FDI（徐美娜和彭羽，2016；李伟和路惠雯，2019）、贸易自由化（余淼杰和李乐融，2016；施炳展和张雅睿，2016）、创新行为（曲如晓和臧睿，2019；朱小明和宋华盛，2019）、产业集聚（苏丹妮和盛斌，2018；高晓娜和彭聪，2019）等，还有考察制度环境与出口产品质量关系的（如史本叶和王晓娟，2019；祝树金等，2019）。鲜有学者注意到制造业投入服务化对出口产品质量的影响。随着制造业服务化趋势的加强，从服务投入角度来考察其对制造企业出口产品质量的影响就显得很有必要。与本书密切相关的是何欢浪等（2017）研究了城市服务业发展对企业出口产品质量的影响，发现城市服务业的发展会通过提升所供给的中间品质量来实现最终产品质量的提升。刘斌等（2016）运用完全消耗系数作为制造业投入服务化的测度指标，通过实证发现制造业服务化有利于产品品质"水平层面"上的技术复杂度提升。综上可知，从制造业服务化角度来考察企业出口产品质量确实存在很大研究空间。

所以接下来本章将主要利用中国工业企业数据库、中国海关数据库和世界投入产出数据库WIOD2016版三者匹配的数据，从微观的企业层面来考察制造业投入服务化对中国制造企业出口产品质量的影响效应及其作用机制。

第一节　计量模型设定

参考现有文献，将计量模型设定为：

$$quality\_s_{ijt} = \theta_0 + \theta_1 Ser_{jt} + \theta_2 Ser_{jt}^2 + \theta_3 Controls + \nu_i + \nu_t + \varepsilon_{ijt} \quad (5-1)$$

其中，i 表示企业，j 表示年份，t 表示年份。被解释变量 $quality\_s_{ijt}$ 表示企业出口产品质量；Ser_{jt} 和 Ser_{jt}^2 分别表示行业 j 的制造业投入服务化水平的一次项和二次项；$Controls$ 表示企业和行业层面的控制变量；ν_i 和 ν_t 分别表示企业和年份的固定效应；ε_{ijt} 表示随机干扰项。

第二节　变量和数据说明及处理

一、变量构造

（一）被解释变量

企业出口产品质量（$quality\_s$）。本书按照 Khandelwal 等（2013）和施炳展（2013）事后推理的思路来测度企业出口产品质量。该方法的优点是简洁准确，可操作性较强。企业 i 在 t 年对 f 国出口产品 g 的数量为：

$$q_{ifgt} = p_{ifgt}^{-\sigma} \lambda_{ifgt}^{\sigma-1} \frac{E_{ft}}{p_{ft}} \tag{5-2}$$

其中，p_{ifgt} 表示产品价格，q_{ifgt} 表示产品数量，λ_{ifgt} 表示产品质量，E_{ft} 表示消费者支出，p_{ft} 为价格指数，σ 为产品替代弹性。对式（5-2）两边取对数整理可得计量方程为：

$$\ln q_{ifgt} = \upsilon_{ft} - \sigma \ln p_{ifgt} + \varepsilon_{ifgt} \tag{5-3}$$

其中，$\upsilon_{ft} = \ln E_{ft} - \ln P_{ft}$，在模型中用出口市场—年份虚拟变量表示，$\varepsilon_{ifgt} = (\sigma - 1)\ln\lambda_{ifgt}$ 是包含质量信息的残差项。那么产品质量可以表示为：

$$quality_{ifgt} = \ln\lambda_{ifgt} = \frac{\varepsilon_{ifgt}}{(\sigma - 1)} \tag{5-4}$$

参考刘斌等（2016）和高静等（2019）的做法，对式（5-4）进行标准化处理可得：

$$squality_{ifgt} = \frac{(quality_{ifgt} - \mathrm{min}quality_{ifgt})}{(\mathrm{max}quality_{ifgt} - \mathrm{min}quality_{ifgt})} \tag{5-5}$$

其中，$\mathrm{max}quality_{ifgt}$ 和 $\mathrm{min}quality_{ifgt}$ 表示产品 g 质量的最小值和最大值。

在式（5-5）的基础上，以出口价值为权重，最终得到的企业 i 在 t 年的产品质量公式为：

$$quality_{it\_}s = \frac{value_{ifgt}}{\sum\limits_{ifgt \in \Delta} value_{ifgt}} \times squality_{ifgt} \qquad (5\text{-}6)$$

其中，$value_{ifgt}$ 表示企业 i 在 t 年对国家 f 出口产品 g 的价值量；Δ 表示企业 i 在 t 年对所有国家出口产品的集合。

（二）核心解释变量

制造业服务化水平（Ser）和制造业服务化水平的平方项（Ser^2）。使用制造业出口内涵的服务含量作为衡量指标。因在上文中有详细的测算说明，故在此处不再赘述。

（三）控制变量

企业层面变量包括：①企业年龄（age）：随着企业经营时间的增加，经营经验愈发丰富，对企业出口表现产生重要影响。用当年年份减去企业成立年份再加 1 来表示企业年龄（吕越等，2017；苏丹妮等，2018）。②企业融资能力（$finance$）：企业资金流动性的强弱会对企业新产品和出口表现产生影响。采用企业利息支出与销售额的比值测度企业融资能力（刘斌等，2016a）。③企业生产率（$qyscl$）：生产率较高的企业会倾向于出口，这符合新新贸易理论。用工业总产值与从业人数的比值取对数表示（刘斌等，2016a）。④企业资本密度（$captial$）：采用企业固定资产净值年平均余额与从业人数比值的对数表示，反映企业资本要素密度（刘斌等，2016b；刘维刚和倪红福，2018）。⑤企业规模（$scale$）：使用企业总资产的对数值作为其代理变量（刘维刚和倪红福，2018）。⑥政府补贴（$zfbt$）：采用政府补贴与企业销售额的比值表示（苏丹妮等，2018）。

行业层面的变量包括：①行业总产出（y），用各制造行业总产出的对数值表示，反映行业的规模（王孝松等，2017）。②全员劳动生产率（pr），用行业附加值与该行业从业人员之比的对数值表示（王孝松等，2017）。③人均资本存量（cp），用行业实际固定资本存量与行业劳动力人数之比的对数值表示，反映行业的资本禀赋情况（David Dolla 等，2017）。

二、数据说明和处理

本书主要用到三个数据库，分别是中国工业企业数据库、中国海关进出口数据库和世界投入产出数据库 WIOD 2016 版。其中中国工业企业数据库的样本区间在 1998~2013 年。中国海关进出口数据库的样本区间在 2000 ~2014 年。世界投入产出数据库 WIOD 2016 版的时间范围是 2000~2014 年。综合三个数据库的时间区间，最终选取三个数据库的共同时间区段，即 2000~2013 年。但是由于中国工业企业数据 2010 年及以后的数据质量被学术界质疑，并且之前年份的数据也存在指标缺失和错配的现象，经过处理后，最后只能是考察了 2000~2007 年的企业数据。

为了得到本书的样本数据，需要对三个数据库进行合理恰当的匹配。需要说明的是 WIOD 数据库的行业分类标准是依据国际标准行业分类（ISIC Rev. 4），中国工业企业数据库是依据《国民经济行业分类》，中国海关进出口数据是依据 HS 编码分类，所以需要通过合理的方法将这三个数据库匹配起来才能选取本书研究的企业样本量。尤其是中国工业企业数据库和中国海关进出口贸易数据库的有效对接是计量模型估计的重要前提。另外，中国工业企业数据库本身也存在诸多问题，比如，样本错配、变量缺失、变量异常等。所以借鉴 Brandt 等（2012）和苏丹妮等（2018）的做法，剔除总产出、销售额、工业增加值、中间投入、固定资产合计、固定资产净值年平均余额缺失、为负值、为零值的制造业样本，并剔除从业人数缺失和小于 8 的制造业样本。对于中国海关数据库存在的问题，也进行了处理，首先参考施炳展（2013）的做法，剔除了没有企业名称、出口目的国名称、产品名称的样本，单笔交易规模在 50 美元以下或数量小于 1 的样本。并参考了 Ahn 等（2011）的处理办法，将海关数据库中企业名称包含"经贸""科贸""外经""贸易"的企业识别为中间商，并予以剔除。其次参考田巍和余淼杰（2013）的做法，依据企业的名称和年份将中国工业企业数据库和海关数据库进行匹配。最后按照 WIOD 数据库的行业分类名称与国内制造业部门分类进行整合得到本书的样本数据，有效的观测值为 154630。

第三节 基准回归分析

表 5-1 对所选样本进行了描述性统计分析，以此展示各变量的基本统计性质。

表 5-1　样本描述性统计分析

变量名	变量含义	样本数	均值	标准差	最小值	最大值
$quality\_s$	出口质量	154630	0.5977593	0.1368398	0	1
Ser	制造业内涵服务化	154630	0.2230629	0.0283538	0.1526	0.2856
Ser^2	制造业内涵服务化平方项	154630	0.050561	0.01249	0.0232868	0.0815674
$finance$	企业融资能力	154537	0.0106821	0.0595211	-1.162795	14.70028
$qyscl$	企业生产率	154570	5.304193	0.9968737	-1.20896	11.97036
$captial$	企业资本密度	154287	3.58249	1.35999	-5.967428	11.18992
$scale$	企业规模	154542	10.45365	1.444339	0	18.85246
$zfbt$	政府补贴	154537	0.0018998	0.0372538	-2.12306	8.520272
age	企业年龄	154630	24.70179	15.6425	13	2020
cp	行业资本禀赋	154630	4.298008	0.5889765	3.313864	7.117465
pr	行业生产率	154630	3.622511	0.5549747	2.827883	5.940066
y	行业产出	154630	12.20114	0.688717	9.954283	13.50573

　　表 5-2 对制造业服务化如何影响企业出口产品质量进行了初步回归估计。其中，第（1）列仅考虑核心解释变量，即制造业投入服务化的一次项和二次项，并在固定企业个体效应和年份效应的情况下，可以发现，制造业投入服务化的一次项估计系数显著为正，二次项估计系数显著为负。表明制造业投入服务化与企业出口产品质量存在显著的"倒 U 型"关系。第（2）列纳入了企业层面的控制变量，发现制造业投入服务化的一次项系数和二次项系数的符号和显著性水平并未发生改变，仍然分别显著为正和负。在此基础上，第（3）列同时控制了企业和行业层面的变量，此时制造业投入服务化一次项系数和二次项系数的符号和显著性水平依然保持不变，反映出在控制了众多因素之后，制造业服务化对企业出口产品质量产生"倒 U 型"的影响作用，即制造业投入服务化对中国企业出口产品质量提升的促进作用存在一个阈值，当制造业投入服务化水平没有超过临界值时，服务化程度的提升会显著促进中国企业出口产品质量。但是当服务化程度过高，超出最优水平时，反而会抑制企业出口产品质量的提升。我们认为，一方面，服务投入的增加意味着高效的企业管理、较高质量的人力资本和完善的产品研发体系进入原有的生产环节，提高了产品的质量；另一方面，制造业投入服务化会带来规模经济效应，降低企业的交易和运营成本，并通

过"干中学"效应实现专业化生产分工，提升产品技术含量，进而带来产品质量的提升。但是过多的服务要素的投入，会对其他中间投入或者生产要素的投入产生"挤出效应"，不利于生产资源的优化配置，进而妨碍产品质量的提升。

表5-2　全样本回归结果

变量	（1） quality_s	（2） quality_s	（3） quality_s
Ser	0.7525 ***	0.8239 ***	0.8549 ***
	(2.87)	(3.14)	(3.01)
Ser^2	−1.8136 ***	−1.9822 ***	−1.9272 ***
	(−3.14)	(−3.43)	(−3.05)
finance		0.0061	0.0060
		(0.59)	(0.58)
qyscl		−0.0044 ***	−0.0044 ***
		(−5.41)	(−5.52)
captial		0.0006	0.0006
		(0.96)	(1.01)
scale		−0.0074 ***	−0.0074 ***
		(−7.74)	(−7.77)
zfbt		−0.0010	−0.0008
		(−0.24)	(−0.19)
age		0.0000	0.0000
		(0.45)	(0.47)
cp			−0.0074
			(−1.52)
pr			0.0159 ***
			(2.96)
y			−0.0057 **
			(−2.12)
常数	0.5315 ***	0.6185 ***	0.6514 ***
	(17.78)	(19.56)	(14.55)

变量	(1) quality_s	(2) quality_s	(3) quality_s
样本量	154630	154268	154268
R²	0.032	0.034	0.034
年份	是	是	是
企业	是	是	是

注：括号内为 Z 统计值，按照企业聚类。*** 表示在 1% 显著性水平下显著；** 表示在 5% 显著性水平下显著；* 表示在 10% 显著性水平下显著。

从企业层面的控制变量来看，企业融资能力（finance）的估计系数为正，但是不显著，说明企业融资能力对产品质量的提升有正向促进作用倾向。企业融资能力越强，越有利于提升企业产品质量。企业生产率（qyscl）对产品质量的影响显著为负，说明生产效率的提升并不是一定会带来产品质量的提升（刘斌等，2016）。企业资本密度（captial）对企业出口产品质量的提升有正向作用倾向。这可能是因为资本的增加会带来生产设备的增加，机械化的生产有利于生产的专业化和高度集中化。企业规模（scale）的系数显著为负，这可能是因为企业的规模越大，管理成本越高，生产效率可能越低，不利于产品质量的提升。也有可能是大规模企业生产的产品多样化，大量的产品出口销售就可以带来高额收益，对产品质量的注重并不强。政府补贴（zfbt）对企业产品质量的提升产生的是负向作用倾向。这可能是因为政府补贴会使企业缺乏动力去努力改善经营，不利于产品质量的提升。企业年龄（age）对产品质量的提升是正向作用倾向，这表明随着企业经营时间的加长，会积累丰富的运营经验，利于改善产品质量。

第四节　异质性回归结果

一、区分贸易方式

从我国目前来看，从事加工贸易企业的出口量占到出口总额的 50% 以上。加工贸易占比较大是导致中国出现"生产率悖论"的原因之一。大家普遍认可的一个现象是中国的加工贸易企业往往是以低成本优势在全球价值链中承接简单的低附加值的生产制造环节，而研发和营销等核心环节主要被国外企业掌握，本土企业依靠加工组装再出口产品，使产品的质量良莠不齐。所以区分贸易方式的比较是很有必要的。表 5-3 的第（1）~第（3）列分别是加工贸易、一般贸易和混合贸易的回归结果。我们可以发现，加工贸易的估计系数显著为正，表明制造业投入服务化对加工贸易出口企业的产品质量的改善起到促进作用。这是因为服务要素中蕴含着大量的人力资本和知识资本，在渗透到制造企业的生产过程中会带来技术外溢效应和学习效应，从而推动制造企业的研发创新，进而提升制造产品的技术含量和出口附加值，最终生产出高质量的产品。从事一般贸易企业和混合贸易企业的制造业投入服务化对产品质量的影响作用与总样本回归结果一致，均呈现"倒 U 型"关系。表明制造业投入服务化对这两种类型企业的产品质量的改善效果是存在局限性的，一旦制造业服务化水平超过一定限度，反而会逐渐减弱其对产品质量的提升作用。

表 5-3 区分贸易方式和地区差异的回归结果

变量	贸易方式			地区		
	(1)加工贸易	(2)一般贸易	(3)混合贸易	(4)东部	(5)中部	(6)西部
	quality_s	quality_s	quality_s	quality_s	quality_s	quality_s
Ser	0.1244***	0.9010***	13.7842***	0.7505***	−0.1136	0.2247**
	(3.97)	(4.89)	(3.31)	(4.59)	(−1.25)	(2.05)
Ser^2		−1.8886***	−27.9470***	−1.4483***		
		(−4.55)	(−3.12)	(−3.96)		
$finance$	0.0049	0.0425*	−0.0364	0.0431	0.0440*	−0.0038
	(0.74)	(1.86)	(−0.06)	(1.64)	(1.88)	(−1.28)
$qyscl$	−0.0026***	0.0012*	0.0086	0.0012**	−0.0046*	−0.0106***
	(−2.92)	(1.70)	(0.71)	(2.22)	(−1.89)	(−3.36)
$captial$	0.0012*	0.0026***	0.0038	0.0017***	0.0070***	0.0051**
	(1.81)	(5.24)	(0.37)	(4.18)	(3.39)	(2.09)
$scale$	−0.0072***	−0.0114***	0.0026	−0.0104***	−0.0113***	−0.0122***
	(−9.87)	(−24.05)	(0.31)	(−24.63)	(−6.27)	(−5.57)

续表

变量	贸易方式			地区		
	(1)加工贸易	(2)一般贸易	(3)混合贸易	(4)东部	(5)中部	(6)西部
	quality_s	quality_s	quality_s	quality_s	quality_s	quality_s
zfbt	0.0046	-0.0111	-0.1281	-0.0051	-0.1263 **	0.0053
	(1.38)	(-1.00)	(-0.57)	(-0.71)	(-2.27)	(0.46)
age	-0.0002	0.0001 ***	0.0001	0.0000 ***	0.0000 **	0.0000
	(-1.13)	(3.60)	(0.08)	(2.62)	(1.99)	(1.33)
cp	0.0176 ***	0.0285 ***	0.2557 ***	0.0162 ***	0.0688 ***	0.1411 ***
	(3.74)	(8.44)	(3.51)	(5.68)	(5.68)	(8.30)
pr	-0.0035	-0.0101 ***	-0.2668 ***	0.0008	-0.0612 ***	-0.1442 ***
	(-0.65)	(-2.85)	(-3.37)	(0.28)	(-4.54)	(-7.80)
y	0.0050 ***	0.0049 ***	0.0199	0.0036 ***	0.0194 ***	0.0414 ***
	(3.91)	(6.64)	(1.00)	(5.36)	(6.14)	(10.40)
常数	0.5308 ***	0.4495 ***	-1.6008 ***	0.4823 ***	0.4503 ***	0.1378 **
	(32.80)	(20.21)	(-2.91)	(23.82)	(9.90)	(2.49)
样本量	41351	110103	279	141070	7140	5597
R^2	0.0035	0.0034	0.0758	0.0030	0.0092	0.0219

注：括号内为 Z 统计值，按照企业聚类。*** 表示在 1%显著性水平下显著；** 表示在 5%显著水平下显著；* 表示在 10%显著性水平下显著。

二、区分所属地区

表5-3 的第（4）~第（6）列报告了制造业投入服务化对不同地区企业产品质量的影响。将 31 个省市分为东部、中部、西部[①]三个地区（魏浩和袁然，2017）进行实证考察。可以发现制造业投入服务化对企业产品质量的影响存在地区差异。其中制造业投入服务化对东部地区企业的产品质量产生显著的"倒 U 型"关系，对中部地区的影响不显著，对西部地区产生正向的促进作用。这是因为，中国服务业发展的区域差异性较为明显。东

---

① 东部地区包括北京、天津、河北、辽宁、上海、江苏、浙江、福建、山东、广东、海南；中部地区包括山西、吉林、黑龙江、安徽、江西、河南、湖北、湖南；西部地区包括内蒙古、重庆、四川、贵州、云南、广西、西藏、陕西、甘肃、宁夏、青海、新疆。

部地区经济发达，且服务业开放，服务中间投入要素能够深入地嵌入和渗透到制造企业的生产过程中，带动企业的研发创新，进而提升产品的质量，但是在观测值范围内，东部地区的企业中相当数量的企业从事一般贸易和混合贸易，这两种贸易类型企业对产品质量产生"倒U型"的影响效应。导致东部地区企业整体服务化水平与产品质量呈现"倒U型"关系。虽然中部地区经济发展与其他两个地区相比，处于中等水平，但由于开放程度并不如东部地区，整体服务业发展处于中等水平状态，企业从有限的服务投入中获得的收益有限，服务中间投入对企业产品质量的影响并不显著。西部地区的经济发展虽然缓慢，但是由于政策支持，对西部地区的扶持力度较大，服务要素的投入带来的是企业的学习和技术吸收能力的外溢。西部地区企业在生产过程中对服务投入的敏感度较高，所以边际效应明显，由此带来对西部地区企业产品质量的改善。

综上可知，制造企业在生产中投入服务要素对企业的产品质量的改善存在地区差异，但是制造投入服务化对产品质量提升的积极作用是普遍存在的。只不过，随着时间的推移，服务要素的投入对制造企业产品质量的改善作用是逐渐弱化的，也就是产生的边际效用是递减的。

三、区分企业所有制

中国工业企业数据库中，对企业所属性质进行了划分，具体划分为国有企业、集体企业、私人企业、港澳台企业、外商企业和其他企业六类。表5-4展示了不同企业性质的回归结果。对于国有企业，制造业服务化的一次项系数为负，并通过显著性检验。对此可能的解释是国有企业是事关国民经济发展的关键企业，容易获得资本、劳动和土地等关键要素，长期存在预算软约束。过度的服务投入带来的是生产成本的增加、生产效率的止步不前，长此以往会带来消极的负向作用，进而发挥不了制造业投入服务化对国有企业产品质量的改善作用。集体企业的制造业服务化的一次项系数为负，但未通过显著性检验。这表明制造业投入服务化对集体企业产品质量的改善并不显著，目前还未发挥作用。对比国有企业和集体企业，可以发现，这两种性质的企业存在一定的相似性，但是国有企业的规模更大，政府和金融部门对其的支撑照顾作用会起到很重要的影响。对于私人企业、港澳台企业和外商企业而言，这三种性质的企业的服务投入对企业产品质量的改善呈现"倒 U 型"的作用。可能的原因是，这三种性质的企业一般为技术密集型和资本密集型企业，尤其对金融和电信服务等高级服务要素的依赖性较强，通过投入产出关系受服务投入的"涟漪效应"的影响较大，为此，高级要素的投入带来产品技术含量的提升，产品质量得到改善。但是过犹不及，过多的服务要素在融入制造企业的生产中，会产生负向的弱化作用。对于其他性质的企业而言，制造业投入服务化会显著促进制造企业产品质量的提升。这也再次验证了制造业服务化对企业产品质量改善的积极影响。

由此可知，不同性质的企业的制造投入服务化对产品质量的影响是存在差异的。

表 5-4　区分企业所有制的回归结果

变量	(1) quality_s 国有企业	(2) quality_s 集体企业	(3) quality_s 私人企业	(4) quality_s 港澳台企业	(5) quality_s 外商企业	(6) quality_s 其他企业
Ser	−0.2557 ***	−0.2034	1.8636 ***	1.0146 **	0.7080 *	0.1967 ***
	(−3.07)	(−1.57)	(5.45)	(2.35)	(1.68)	(11.89)
Ser2			−4.8819 ***	−2.2588 **	−2.4250 **	
			(−6.26)	(−2.34)	(−2.42)	
finance	−0.0019	0.1439 ***	0.2139 ***	−0.0044	0.3119 ***	0.0273 *
	(−0.47)	(3.42)	(4.51)	(−0.10)	(3.41)	(1.82)
qyscl	−0.0103 ***	−0.0066 *	0.0100 ***	0.0021	0.0065 ***	−0.0021 ***
	(−4.28)	(−1.78)	(7.55)	(1.37)	(4.12)	(−3.72)
captial	0.0087 ***	0.0112 ***	0.0046 ***	0.0049 ***	0.0025 **	0.0004
	(3.75)	(3.73)	(4.73)	(4.58)	(2.04)	(0.92)
scale	−0.0052 ***	−0.0158 ***	−0.0134 ***	−0.0159 ***	−0.0146 ***	−0.0057 ***
	(−3.13)	(−5.90)	(−14.46)	(−13.65)	(−12.62)	(−12.66)
zfbt	−0.0121	0.0074	−0.0803 ***	−0.0257	0.0359 ***	0.0015
	(−0.53)	(0.20)	(−2.68)	(−0.30)	(3.11)	(0.35)
age	0.0000 **	0.0002 ***	−0.0002	0.0002	0.0001	0.0000 *
	(2.39)	(3.88)	(−1.18)	(0.75)	(0.19)	(1.92)

续表

变量	（1） quality_s 国有企业	（2） quality_s 集体企业	（3） quality_s 私人企业	（4） quality_s 港澳台企业	（5） quality_s 外商企业	（6） quality_s 其他企业
cp	0. 1040 ***	0. 0587 ***	0. 0244 ***	0. 0153	0. 0243 **	− 0. 0049 **
	（7. 68）	（2. 60）	（3. 26）	（1. 46）	（2. 12）	（−2. 02）
pr	− 0. 1090 ***	− 0. 0239	0. 0113	0. 0100	0. 0238 **	0. 0004
	（−7. 21）	（−1. 00）	（1. 42）	（0. 92）	（1. 99）	（0. 17）
y	0. 0214 ***	0. 0093 **	0. 0064 ***	0. 0058 ***	0. 0181 ***	− 0. 0152 ***
	（6. 94）	（2. 17）	（3. 68）	（2. 61）	（6. 99）	（−21. 18）
常数	0. 4162 ***	0. 5113 ***	0. 2926 ***	0. 4692 ***	0. 2165 ***	0. 8087 ***
	（9. 59）	（7. 70）	（6. 75）	（7. 68）	（3. 37）	（80. 68）
样本量	9256	3548	30376	17832	19010	74238
R^2	0. 0012	0. 0008	0. 0044	0. 0036	0. 0190	0. 0268

注：括号内为 Z 统计值，按照企业聚类。*** 表示在 1% 显著性水平下显著；** 表示在 5% 显著水平下显著；* 表示在 10% 显著性水平下显著。

四、区分服务来源

在全球价值链的生产分工体系下，由于生产过程的分节化和精细化，不同生产阶段中所需要的要素不仅来源于本国投入，还有内涵于生产中的国外要素的投入，使参与全球价值链的国家相互紧密的嵌入这种新型的国际生产模式中。基于此，将制造业服务化来源区分为国内自身服务投入和国外服务投入来考察其对企业产品质量的影响。从表 5-5 的第（1）和第（2）列的汇报结果来看，国内服务化与企业产品质量产生显著的"U 型"关系，国外服务化对企业产品质量产生显著的"倒 U 型"影响作用。这可能是因为国内服务投入中传统的服务要素投入占比较大，在初期不会对制造企业的产品质量的提升产生促进作用，但是随着服务要素与制造企业的其他生产要素的相互磨合和紧密结合，使国内服务投入越过一定的阈值后，就会对企业出口产品质量的提升形成有效的促进作用。国外服务投入可能包含高质量和高技术含量的服务要素，促使制造企业的产品的质量得到有效改善。但是毕竟国外服务的投入相较于国内服务来说，高质量的服务要素也意味着高成本的投入，所以大量的国外服务要素的投入对制造企业产品质量的提升作用会随着国外服务要素的增加而逐渐削弱。

表5-5 区分服务来源和服务投入类型的回归结果

变量	（1）quality_s	（2）quality_s	（3）quality_s	（4）quality_s	（5）quality_s	（6）quality_s
国内服务化	-0.6600 **（-2.18）					
国内服务化平方项	1.9439 **（2.23）					
国外服务化		1.1837 ***（11.51）				
国外服务化平方项		-9.8145 ***（-10.47）				
分销服务化			1.0576 ***（2.76）			
分销服务化平方项			-6.1080 **（-2.15）			
运输服务化				2.7471 ***（5.81）		
运输服务化平方项				-24.6525 ***（-4.97）		
电信服务化					5.4662 ***（8.44）	
电信服务化平方项					-125.6435 ***（-8.79）	
金融服务化						1.4020 ***（4.93）
金融服务化平方项						-21.7911 ***（-4.37）
finance	0.0270 **（2.23）	0.0268 **（2.23）	0.0061（0.59）	0.0058（0.57）	0.0058（0.57）	0.0058（0.57）

续表

变量	(1) quality_s	(2) quality_s	(3) quality_s	(4) quality_s	(5) quality_s	(6) quality_s
qyscl	0.0002 (0.42)	0.0003 (0.48)	−0.0044 *** (−5.50)	−0.0044 *** (−5.41)	−0.0043 *** (−5.34)	−0.0044 *** (−5.45)
captial	0.0024 *** (6.05)	0.0022 *** (5.69)	0.0007 (1.14)	0.0006 (1.00)	0.0005 (0.86)	0.0006 (0.93)
scale	−0.0102 *** (−25.54)	−0.0104 *** (−26.11)	−0.0075 *** (−7.95)	−0.0073 *** (−7.65)	−0.0072 *** (−7.54)	−0.0073 *** (−7.70)
zfbt	−0.0044 (−0.74)	−0.0046 (−0.77)	−0.0010 (−0.23)	−0.0010 (−0.23)	−0.0006 (−0.15)	−0.0008 (−0.19)
age	0.0000 *** (3.57)	0.0000 *** (3.08)	0.0000 (0.40)	0.0000 (0.42)	0.0000 (0.56)	0.0000 (0.42)
cp	0.0163 *** (6.50)	0.0250 *** (9.45)	−0.0108 ** (−2.44)	−0.0117 *** (−2.68)	−0.0221 *** (−5.01)	−0.0137 *** (−3.14)
pr	−0.0009 (−0.34)	−0.0048 * (−1.73)	0.0201 *** (4.12)	0.0173 *** (3.54)	0.0305 *** (6.06)	0.0211 *** (4.30)
y	0.0060 *** (8.85)	0.0062 *** (9.68)	−0.0082 *** (−3.52)	−0.0065 *** (−2.82)	−0.0071 *** (−3.12)	−0.0069 *** (−3.03)
常数	0.6114 *** (23.45)	0.5045 *** (55.15)	0.7289 *** (23.67)	0.6909 *** (24.45)	0.7157 *** (25.63)	0.7432 *** (27.42)
样本量	154268	154268	154268	154268	154268	154268
R^2	0.0026	0.0059	0.034	0.035	0.035	0.034
年份			是	是	是	是
企业			是	是	是	是

注：括号内为Z统计值，按照企业聚类。*** 表示在1%显著性水平下显著；** 表示在5%显著水平下显著；* 表示在10%显著性水平下显著。

五、区分服务投入类型

为了考察不同类型的服务投入对制造企业出口产品质量的影响，本书将服务投入划分为分销服务化、运输服务化、电信服务化和金融服务化。从表5-5第（3）~第（6）列的汇报结果可以发现，分销服务化、运输服务化、电信服务化和金融服务化的回归结果与整体制造业服务化对企业出口产品质量的影响一致，均是"倒 U 型"关系。对此可能的解释是：分销服务投入属于传统的劳动密集型服务行业，多集中于制造企业生产的下游阶段，经营方式比较粗放，消耗的成本较大，创造的附加值较低，过多的分销服务投入，反而会削弱其对产品质量提升的作用，所以呈现"倒 U 型"关系。运输服务投入同样属于传统的劳动密集型服务行业，由于其没有充分发挥整合资源，优化供应链的空间布局等功能，对产品质量表现为"倒 U 型"关系。在"互联网+"和"物联网"时代，电信投入服务化有利于降低通信成本，消除信息阻隔，促进生产网络中的信息技术和制造技术的融合，提高运作效率，逐渐提升产品质量。但是我国电信服务提供商的垄断状态在一定程度上阻碍了市场竞争和产品创新，长此以往，这又会妨碍价值增值，所以呈现"倒 U 型"关系。作为现代服务的金融服务的投入，为制造行业的技术和研发创新提供了资金支持，改善融资约束，提升对技术的吸收能力，但是超过最优的金融服务投入的阈值，其对产品质量的改善作用就会趋于下降。所以呈现"倒 U 型"关系。

综合上述分析，不管是传统的服务要素的投入还是现代化的服务要素的投入，都对企业出口产品质量的提升起到积极的促进作用，但是过度的投入会弱化其正向的促进作用。所以要寻求最优化的服务投入，努力实现产品质量的提升。

第五节　内生性和稳健性检验

一、内生性问题

由于可能存在企业自选择问题，产生逆向因果关系导致回归结果被高估。同时考虑受到一些非观测因素的影响所引起的内生性问题，本书综合许和连等（2017）、刘斌等（2016）的做法，选取中国制造业投入服务化滞后一期的一次项和二次项作为工具变量，进行两阶段最小二乘估计（2SLS）的估计以求尽可能地克服内生性问题。表 5-6 的第（1）列给出了两阶段最小二乘估计（2SLS）的估计结果。为验证工具变量的有效性，进行了识别不足检验（Kleibergen-Paap rk LM 检验）、弱工具变量检验（Kleibergen-Paap rk Wald F 检验）和过度识别检验（Hansen J 检验）。结果显示，在 1% 水平下拒绝"工具变量识别不足"的原假设。Kleibergen-Paap rk Wald F 统计值远大于 10% 的可容忍临界值，拒绝存在"弱工具变量"的原假设。Hansen 检验在 1% 水平下无法拒绝"不存在过度识别"的原假设，符合工具变量为外生性的条件。说明工具变量的选取是较为合理的。2SLS 估计结果中制造业服务与企业产品质量的关系仍是"倒 U 型"，与基准回归结果一致，说明估计结果是可取的。同时还采用控制年份—地区固定效应和行业—地区固定效应以进一步降低可能存在的内生性问题，具体结果呈现在表 5-6 的第（2）~第（5）列。可以发现，在考虑了可能存在的内生性问题后，制造业投入服务化对企业出口产品质量的影响仍是"倒 U 型"的，说明本书的研究结论是稳健的。

表 5-6　内生性检验

变量	(1) quality_s	(2) quality_s	(3) quality_s	(4) quality_s
Ser	7.8412***	0.8157***	1.6349***	1.7262***
	(7.40)	(2.88)	(4.39)	(4.63)
Ser^2	−16.2249***	−1.8470***	−2.8372***	−3.0538***
	(−7.26)	(−2.93)	(−3.58)	(−3.85)
$finance$	0.0358	0.0041	0.0060	0.0042
	(1.58)	(0.44)	(0.58)	(0.45)
$qyscl$	−0.0007	−0.0047***	−0.0043***	−0.0045***
	(−1.31)	(−5.84)	(−5.34)	(−5.65)
$captial$	−0.0017***	0.0014**	0.0007	0.0014**
	(−4.57)	(2.35)	(1.20)	(2.43)
$scale$	−0.0105***	−0.0066***	−0.0074***	−0.0067***
	(−31.41)	(−6.87)	(−7.79)	(−6.98)
$zfbt$	−0.0166	−0.0004	−0.0008	−0.0005
	(−0.83)	(−0.10)	(−0.19)	(−0.11)
age	0.0000	0.0000	0.0000	0.0000
	(1.48)	(0.53)	(0.52)	(0.57)

变量	(1) quality_s	(2) quality_s	(3) quality_s	(4) quality_s
cp	-0.0120 (-1.12)	-0.0107 ** (-2.19)	-0.0350 *** (-4.13)	-0.0447 *** (-5.26)
pr	0.0675 *** (6.43)	0.0177 *** (3.30)	0.0571 *** (6.45)	0.0596 *** (6.73)
y	-0.0831 *** (-8.93)	-0.0046 * (-1.73)	-0.0461 *** (-6.24)	-0.0464 *** (-6.30)
常数	0.7208 *** (5.36)	13.6731 * (1.68)	0.9902 *** (11.51)	17.5387 ** (2.04)
Kleibergen-Paap rk LM 统计量	1.7e+04 [0.0000]			
Kleibergen-Paap rk Wald F 统计量	1.3e+04 [0.0000]			
Hansen J 统计量	3.934 [0.0473]			
样本量	132738	154268	154268	154268
R²	0.102	0.042	0.040	0.048
年份	是	是	是	是
企业		是	是	是
行业	是			
年份—地区		是		是
行业—地区			是	是

注：*** 表示在1%显著性水平下显著；** 表示在5%显著性水平下显著；* 表示在10%显著性水平下显著。小括号内的数值为t值，中括号内的数值为相应统计量的P值。弱识别检验使用了Stock-Yogo弱识别检验的临界值，最大IV水平的临界值分别为19.93（10%）、11.59（15%）、8.75（20%）、7.25（25%）。

二、稳健性检验的估计结果

(一) 样本选择偏差

本书制造企业选取的是具有出口行为的企业，剔除了非出口企业样本，在实证分析中可能会产生样本选择偏差，导致实证结果的非可靠性。为此，采用当下惯用的方法，利用 Heckman 两阶段模型进行了稳健性检验。第一阶段是企业出口决策的 Probit 模型，由此得到逆米尔斯比率（Inverse Mill's Ratio，IMR）。第二阶段是将逆米尔斯比率代入产品质量决定方程进行回归。Heckman 第一阶段的企业出口决策模型[①]为：

$$\Pr(\mathrm{exp}dum_{ijt}=1)=\varphi(\beta_0+\beta_1 Ser_{jt}+\beta_2 Ser_{jt}^2+\beta_3 Controls+\nu_i+\nu_t+\varepsilon_{ijt})$$

（5-7）

其中，i 表示企业，j 表示行业，t 表示年份。被解释变量 $\mathrm{exp}dum_{ijt}$ 表示企业出口的虚拟变量。当企业 i 在 t 期的出口交货值大于 0 时，取值为 1，否则取值为 0；Ser_{jt} 和 Ser_{jt}^2 表示行业 j 的制造业投入服务化水平；$Controls$ 表示企业和行业层面的控制变量；ν_i 和 ν_t 分别表示企业和年份的固定效应；ε_{ijt} 表示随机干扰项。Heckman 第二阶段的企业出口产品质量决定方程为：

$$quality\_s_{ijt}=\alpha_0+\alpha_1 Ser_{jt}+\alpha_2 Ser_{jt}^2+\alpha_3 Controls+IMR_{ijt}+\nu_i+\nu_t+\varepsilon_{ijt}$$

（5-8）

其中，$quality\_s_{ijt}$ 表示企业出口产品质量，IMR_{ijt} 表示逆米尔斯比率（Inverse Mill's Ratio）。

表 5-7 的第（1）和第（2）列报告了 Heckman 两阶段模型的估计结果。可以发现，逆米尔斯比率的系数为正，并通过显著性检验，制造业投入服务化的一次项和二次项均通过显著性检验，系数符号符合预期。也就是说，在考虑样本选择偏差后，制造业投入服务化对企业产品质量的影响仍然是"倒 U 型"的。制造业投入服务化确实提高了企业出口产品质量，只不过随着服务要素投入的增加，其对出口产品质量的改善逐渐弱化。

（二）指标变换

在基本回归中，选用的是贸易附加值分解下的制造业内涵服务化水平。在此，选用制造业服务化的直接消耗系数作为衡量指标。表 5-7 的第（3）列与基准回归相比，制造业投入服务化的系数大小有所改变，但是在 1% 的显著性水平下，制造业投入服务化与企业产品质量仍然呈现"倒 U 型"关

①　根据 Wooldridge（2002）的建议，企业出口决策方程的控制变量中至少有一个变量作为排除性变量不被包含在企业出口产品质量决定方程的控制变量集合中，故本书参照苏丹妮等（2018）的做法，选择企业滞后一期出口虚拟变量作为排除性变量加入第一阶段的模型中。

系。说明了本书的核心结论并不会因为制造业投入服务化指标的测度方法的不同而发生较大改变。再次证明回归结果的可靠性。

（三）Tobit 估计

由于因变量企业出口产品质量的取值位于 [0, 1]，属于设限数据，可能造成估计结果的偏差。考虑到数据上下限问题，Tobit 模型更适合解决因变量取值有限制的选择行为，本书采用双限制 Tobit 估计[①]对基本结论进行检验。由表 5-7 第（4）列的估计结果显示，制造业投入服务化水平对企业出口产品质量的"倒 U 型"效应依然显著成立，与基本分析结论一致，说明结论不随估计模型的变化而改变。

（四）可能出现极端值的处理

为了处理可能出现的极端值，表 5-7 第（5）列对企业出口产品质量在 1%水平上进行了双边缩尾处理，从中不难发现，制造业投入服务化（Ser）的影响系数大小虽有所变化，但在 1%及以上的显著性水平上，Ser 的一次项系数仍显著为正，二次项系数显著为负。样本的估计结果表明，在 1%及以上水平上进行双边缩尾处理后，制造业投入服务化对企业出口产品质量的影响效应与基准回归一致。

表 5-7　稳健性检验

变量	(1) Heckman 第一阶段 是否出口	(2) Heckman 第二阶段 quality_s	(3) 直接消耗 系数 quality_s	(4) Tobit quality_s	(5) 双边 缩尾 1% quality_s
Ser	-11.7029^{***}	1.5511^{***}	0.6603^{***}	0.9258^{**}	1.6361^{***}
	(-5.08)	(9.91)	(4.26)	(2.32)	(4.53)
Ser^2	27.6572^{***}	-3.9064^{***}	-1.5050^{***}	-2.0187^{**}	-2.9048^{***}
	(5.29)	(-11.15)	(-3.85)	(-2.40)	(-3.78)

---

① 由于样本观测值较多，导致运用 Stata15.0 进行 Tobit 估计时无法控制企业的固定效应，因此本书在表 5-7 的第（4）列中控制了企业的年份—地区特征、行业—地区特征和年份所表示的各固定效应特征。

续表

变量	（1） Heckman 第一阶段 是否出口	（2） Heckman 第二阶段 quality_s	（3） 直接消耗 系数 quality_s	（4） Tobit quality_s	（5） 双边 缩尾 1% quality_s
finance	-0.1900	0.0174 **	0.0042	0.0255 **	0.0042
	(-1.16)	(2.24)	(0.45)	(2.11)	(0.45)
qyscl	-0.0542 ***	0.0000	-0.0045 ***	0.0018 ***	-0.0044 ***
	(-7.09)	(0.09)	(-5.61)	(2.92)	(-5.64)
captial	-0.0478 ***	0.0020 ***	0.0014 **	0.0010 **	0.0014 **
	(-7.73)	(5.24)	(2.39)	(2.17)	(2.50)
scale	0.0791 ***	-0.0099 ***	-0.0066 ***	-0.0105 ***	-0.0066 ***
	(14.82)	(-24.85)	(-6.95)	(-24.35)	(-7.11)
zfbt	-0.1053	-0.0086	-0.0005	-0.0075	-0.0008
	(-0.84)	(-1.60)	(-0.12)	(-0.67)	(-0.19)
age	0.0002	-0.0000 **	0.0000	0.0001 ***	0.0000
	(0.50)	(-2.17)	(0.69)	(3.81)	(0.61)
cp	-0.0511	0.0381 ***	-0.0393 ***	0.0026	-0.0433 ***
	(-1.20)	(14.11)	(-5.47)	(0.31)	(-5.29)
pr	-0.0522	-0.0198 ***	0.0444 ***	0.0325 ***	0.0585 ***
	(-1.14)	(-6.88)	(6.66)	(3.69)	(6.84)
y	-0.0228 ***	-0.0040 ***	-0.0353 ***	-0.0406 ***	-0.0455 ***
	(-2.63)	(-6.22)	(-6.11)	(-5.27)	(-6.39)
是否出口 滞后一期	1.9974 ***				
	(148.59)				
IMR（逆米 尔斯比率）		0.0267 ***			
		(11.05)			
常数	1.1590 ***	0.5034 ***	17.9741 **	12.1178 *	17.4496 **
	(4.09)	(26.22)	(2.08)	(1.80)	(2.07)
样本量	98561	154260	154268	154268	154268
R^2	0.3580	0.0024	0.047	0.1469	0.049
企业			是		是
年份			是	是	是
年份—地区			是	是	是
行业—地区			是	是	是

注：括号内为 Z 统计值，按照企业聚类。*** 表示在 1% 显著性水平下显著；** 表示在 5% 显著水平下显著；* 表示在 10% 显著性水平下显著。

第六节　作用机制检验

由前文的分析可知，制造业投入服务化显著提升了企业出口产品质量，但是当越过一定的阈值后，过多的服务要素的投入对企业产品质量的升级作用会逐渐弱化。那么制造业投入服务化究竟是通过何种机制来影响企业出口产品质量的呢？在第二节的机制分析中表明制造业投入服务化可以通过研发创新、成本效应和分工效应来影响价企业出口产品质量。基于此，本节将引入研发创新、成本效应和生产分割长度这三个中介变量分别来构建中介效应模型，探讨制造业投入服务化对企业出口产品质量的影响渠道。

一、中介变量的测度

（一）研发创新（*innovation*）

由于中国工业企业数据库中，企业研发费用有的年份统计，有的年份并未统计，存在很多缺失现象，所以为了保证样本数量和数据的连续性参照现有文献的做法，用企业新产品产值与销售产值的比重作为反映企业研发创新能力的指标。

（二）企业成本（*cost*）

借鉴许和连等（2017）的做法，采用企业管理费用、财务费用、主营业务成本和销售费用的总额加总的对数值来衡量企业的成本。

（三）生产分割指数（*pl*）

对于该指标，在前文中行业层面的分析中给出了具体的测算方法，在此不再赘述。需要强调的是，生产阶段数越多，产业链越长，生产结构复杂度就越高，制造商进行更专业化的生产，必然会提升出口产品的质量和技术复杂度。

二、中介效应模型设定及回归结果

参照现有文献的做法（Edward 和 Lambert，2007；许和连等，2017），设定如下形式的中介效应模型，对作用机制进行检验：

$$M = \alpha_0 + \alpha_1 Ser_{jt} + \alpha_2 Ser_{jt}^2 + \alpha_3 Controls + \nu_i + \nu_t + \varepsilon_{ijt} \qquad (5\text{-}9)$$

$$quality\_s_{ijt} = \alpha_0 + \alpha_1 Ser_{jt} + \alpha_2 Ser_{jt}^2 + \alpha_3 M + \alpha_4 (Ser_{jt} \times M) + \alpha_5 Controls + \nu_i + \nu_t + \varepsilon_{ijt}$$

$$(5\text{-}10)$$

其中，M 表示中介变量。

表 5-8 给出了制造业投入服务化与企业出口产品质量的作用机制检验结果。第（1）、第（3）和第（5）列是分别以研发创新、企业成本和生产分割指数作为被解释变量的回归结果。第（2）、第（4）和第（6）列是加入中介变量以及核心解释变量与中介变量交乘项的估计结果。从中可知，制造业投入服务化对企业研发创新的促进作用存在一个阈值，当达到一定水平后，服务化程度的提升会显著激励制造企业的研发创新。制造业的投入服务化与研发创新的"U 型"关系会经由研发创新的中介作用影响到企业出口产品质量①。制造业投入服务化对企业生产成本的降低效应呈现"U 型"效用。也就是说，在初期，制造业投入服务化对降低企业成本的效应较小，随着投入的增加，服务化程度的增强可能会显著降低成本。并且在第（4）列中，成本系数为负，而且制造业服务化与成本的交乘项的系数也显著为负，说明企业成本的缩减效应会改善企业出口产品质量。可能的解释是企业成本的控制，利于企业扩大规模，形成规模经济，发生知识溢出，利于改善产品质量。制造业投入服务化与生产分割指数的"倒 U 型"关系，经由生产分工的中介作用，加强了制造业投入服务化与企业出口产品质量的"倒 U 型"关系。表明制造业投入服务化推动了企业生产过程的复杂化，这种生产结构的复杂化和专业化又提高了产品质量。只不过，产生的边际效应是递减的。

以上计量检验过程证实了制造业投入服务化确实可以通过研发创新、成本效应和生产分割来影响企业出口产品质量。

---

① 曲如晓和臧睿（2019）发现，自主创新对制造业出口产品质量存在"U 型"的非线性影响。这也佐证了本书的研究观点。

表 5-8 作用机制检验结果

变量	(1) inovation	(2) quality_s	(3) cost	(4) quality_s	(5) pl	(6) quality_s
Ser	−0.4952* (−1.76)	0.6240*** (3.96)	−10.5754*** (−6.34)	0.8757*** (5.17)	54.9795*** (68.29)	2.3097*** (12.78)
Ser^2	1.4661** (2.28)	−1.1358*** (−3.21)	22.3996*** (6.07)	−1.1292*** (−3.17)	−118.1176*** (−68.03)	−3.8109*** (−8.94)
$inovation$		0.0356** (2.54)				
$Ser×inovation$		−0.2544*** (−4.17)				
$cost$				−0.0094*** (−3.75)		
$Ser×cost$				−0.0352*** (−3.18)		
pl						0.0370*** (3.14)
$Ser×pl$						−0.1274** (−2.49)
$finance$	0.0272 (1.58)	0.0276** (2.22)	0.6483** (2.39)	0.0340** (2.34)	0.0707*** (2.88)	0.0247** (2.16)
$qyscl$	0.0027*** (3.13)	0.0003 (0.59)	0.1580*** (27.07)	0.0022*** (4.03)	0.0280*** (19.84)	−0.0012** (−2.22)
$captial$	−0.0010 (−1.63)	0.0022*** (5.45)	−0.0825*** (−18.70)	0.0002 (0.58)	0.0146*** (13.16)	0.0015*** (3.68)
$scale$	0.0214*** (31.17)	−0.0098*** (−24.53)	0.4911*** (68.93)	0.0032*** (5.76)	0.0041*** (3.19)	−0.0100*** (−25.11)
$zfbt$	0.0242 (1.00)	−0.0040 (−0.68)	0.0029 (0.08)	−0.0038 (−0.66)	0.0099 (0.94)	−0.0049 (−0.83)
age	0.0001** (2.29)	0.0000*** (3.47)	−0.0003 (−1.20)	0.0001*** (3.12)	0.0000* (1.71)	0.0000*** (3.13)
cp	−0.0139*** (−3.38)	0.0230*** (8.38)	0.0536** (2.05)	0.0249*** (9.10)	0.1430*** (13.97)	0.0087*** (3.21)

续表

变量	(1) inovation	(2) quality_s	(3) cost	(4) quality_s	(5) pl	(6) quality_s
pr	0. 0387***	−0. 0057*	−0. 1304***	−0. 0072**	0. 1721***	−0. 0069**
	(8. 92)	(−1. 96)	(−4. 61)	(−2. 46)	(16. 64)	(−2. 33)
y	0. 0050***	0. 0055***	0. 0221	0. 0029***	−0. 0298***	0. 0103***
	(4. 59)	(8. 41)	(1. 52)	(4. 54)	(−8. 78)	(15. 12)
常数	−0. 2714***	0. 4676***	3. 6094***	0. 4379***	−4. 7078***	0. 7922***
	(−8. 33)	(24. 01)	(13. 52)	(16. 80)	(−48. 94)	(32. 37)
样本量	154268	154268	154004	154004	154268	154268
R^2	0. 0043	0. 0029	0. 246	0. 0056	0. 0990	0. 0049

注：括号内为 Z 统计值，按照企业聚类。*** 表示在 1%显著性水平下显著；** 表示在 5%显著水平下显著；* 表示在 10%显著性水平下显著。

本章小结

本章采用中国工业企业数据库、中国海关数据库和 WIOD 投入产出数据库三者的合并数据实证验证了全球价值链背景下中国制造业投入服务化对中国制造企业的产品质量的影响，同时检验了相关作用机制来剖析制造业投入服务化是如何影响制造企业出口产品质量的。得出以下结论：第一，总体来看，制造业投入服务化与企业出口产品质量之间是"倒 U 型"关系。第二，制造业投入服务化对不同贸易类型企业的影响存在差异，其中对加工贸易企业的出口产品质量的影响显著为正，而对一般贸易和混合贸易企业出口产品质量产生"倒 U 型"关系。第三，制造业投入服务化对企业产品质量的影响存在地区差异。其中，制造业投入服务化对东部地区企业的产品质量产生显著的"倒 U 型"关系，对中部地区的影响不显著，对西部地区产生正向的促进作用。第四，制造业投入服务化对不同所用制类型企业的出口产品质量的影响存在差异性。其中，对私人企业、港澳台企业和外商企业的出口产品质量产生"倒 U 型"效应。对国有企业出口产品质量产生显著的负向影响，对集体企业出口产品质量的影响不显著。对其他类型企业的出口产品质量产生显著的正向影响。第五，从服务来源看，制造业国内投入服务化与企业出口产品质量产生显著的"U型"关系，国外服务化对企业出口产品质量产生显著的"倒U型"影响作用。第六，从服务投入类型来看，分销服务化、运输服务化、电信服务化和金融服务化与整体制造业服务化对企业出口产品质量的影响一致，均是"倒U型"关系。第七，影响机制检验表明，研发创新、成本效应和生产分割是制造业投入服务化对企业出口产品质量升级的可能作用渠道。

第六章

研究结论与政策建议

第一节　研究结论

本书在全球价值链的研究视角下，根据理论研究—实证研究—对策研究的研究范式，围绕制造业投入服务化对中国制造业出口升级的影响这一研究主题进行了理论探析和实证考察，得出以下主要结论：

一、中国制造业投入服务化现状

在全球价值链生产分工网络体系下，制造业投入服务化已成为全球制造业发展的重要趋势。对中国制造业投入服务化水平的衡量很有必要。本书根据 WIOD 2016 版的数据，应用相应的方法，测算了我国制造业投入服务化水平。一种是基于消耗系数测度的直接消耗和完全消耗系数来量化我国制造业投入服务化水平。另一种是基于贸易增加值核算方法的内涵服务的测度。

从内涵服务测度中发现，各制造业内涵服务化水平在 2000~2014 年这个时间段均呈现波动上升的趋势。并且依据制造业的要素密集度的不同呈现不同的服务化现象。技术密集型制造业的服务化水平最高，资本密集型制造业次之，劳动密集型制造业的服务化水平最低。这也符合对制造业服务化水平基本现状事实的直觉判断。对比中国各制造业内涵国内外服务化率，可知各制造行业内涵服务的国内来源远远要高于国外来源。从服务投入异质化来看，中国各制造业异质服务投入结构比例基本是趋同的，表现为传统服务要素投入，即分销和运输服务化率占据较大比例，而现代化的服务要素投入，即电信服务化和金融服务化比重较小。但是各制造业的分销服务化、运输服务化、电信服务化和金融服务化均呈现波动上升的趋势。这也表明中国制造业出口中内涵服务要素的加强。

同其他国家相比，中国制造业出口内涵的服务化率从 2000 年的 23.2%逐渐波动上升到 2014 年的 28.0%，但是服务化水平仍然较低。近几年来，服务化提升速度较快，2012 年超过了韩国的制造业服务化水平，到 2014 年逐渐接近日本和美国的服务化水平。由此可见，中国制造业服务化趋势的增强。中国制造业出口中内涵的国内服务增加，国外服务相对变动不大。而美国、日本、韩国和印度内涵的国内服务减少，国外服务增加。但是这五个样本国制造业服务化的国内投入要远远高于国外投入。中国、美国、日本、韩国和印度的制造业出口中内涵的异质服务投入结构基本一致，即分销服务和运输服务占据较大比重，金融和电信服务占据比重较小。但是中国在现代服务要素的投入上与主要发达国家的差距明显。所以中国在实现制造业服务化的过程中要重视对现代服务要素的投入。

基于消耗系数的测度可知，2000~2014 年中国各制造业的服务化水平整体呈现先下降后上升的趋势。由直接消耗系数测度的制造业的服务化水平同完全消耗系数的变动趋势一致，但是直接消耗系数和完全消耗系数测度的服务化水平差异较大。表明服务"内置化"程度较为严重。由消耗系数测度的服务化水平显示，资本密集型和技术密集型行业的服务化水平较高，劳动密集型行业的服务化水平较低。各制造业对国内服务要素的直接消耗和完全消耗均高于对国外的服务要素消耗。另外，不管是直接消耗还是完全消耗，分销服务的投入比重最大，其次是运输服务，再次是金融服务，最后是电信服务。

与其他国家相比，值得注意的是，中国制造业的直接消耗系数测度与完全消耗系数的差距明显高于其他国家。这再次表明制造业服务投入的内嵌化程度严重。说明在中国参与到全球的生产分工过程中，随着价值链长度的延伸和分工的碎片化，使生产环节越来越细化，跨越国家的次数越来越多，内涵的服务要素也越来越多。同样地，中国、印度、日本、韩国和美国的制造业出口中服务要素的消耗结构基本一致。此外，由直接消耗系数衡量的中国制造业服务化水平不管是国内消耗还是国外消耗均低于印度、日本、韩国和美国。由完全消耗系数衡量的国内消耗与其他国家相比并不低，而国外消耗却明显低于其他国家。

简而言之，虽然三种方法测度的制造业投入服务化水平的数值大小存在差异，但是制造业的服务化水平的变动趋势和服务投入构成结构是一致的。与其他发达国家和新兴市场国家相比，中国制造业服务化水平虽然在不断增强，但还是存在一定差距。

二、中国制造业出口升级现状

对于出口升级指标的选取，由于本书是基于全球价值链的视角，所以选用了贸易增加值分解方法框架下的全球价值链参与度（前向和后向参与度）、全球价值链分工位置以及出口国内附加值率等指标。通过这些指标来较为全面地描述中国制造业出口升级的现状。由此得到以下结论：

中国 GVC 后向参与度要高于 GVC 前向参与度，这符合中国的贸易实情。因为中国在参与国际生产分工网络中，更多地依赖外国中间品的进口去完成最终品的生产。也就是说，中国主要以后向参与的方式融入全球价值链的生产网络中。但是 GVC 前向参与度呈现波动上升的趋势，GVC 后向参与度表现为下降的态势。对于 GVC 分工地位而言，中国在全球价值链的分工地位在逐渐地上升，但是上升过程较为缓慢。从要素密集型分类来看，技术密集型制造业和资本密集型制造业的 GVC 参与度和显著高于劳动密集型制造业，但是分工地位却表现出相反的趋势。这一定程度上反映出这两类行业生产过程的复杂化和精细化，随着全球价值链长度的延伸，必然带来参与的深入化。但是尽管中国的技术和资本依赖型行业不断融入生产分工中，可是该类要素密集型行业与发达国家相比，仍然不占据比较优势，故在全球价值链的分工地位并不高。而中国的劳动密集型制造业的分工地位较高，可能的原因之一是中国的劳动力优势仍然发挥着作用。此外还发现，劳动密集型制造业的 GVC 前向参与度与 GVC 后向参与度的差异较小，但是技术密集型制造业的差异较大。从而揭示了不同要素密集度的行业在参与到价值链的不同生产环节和阶段中时，往往会带来不同的分工地位和获利能力。中国制造业出口升级或者转型的途径之一就是要在价值链的生产环节中实现专业化生产。从出口国内附加值率来看，中国制造业总体出口国内附加值率呈现先下降后上升的变动趋势。从要素密集度来看，诸如劳动密集型行业的食品、饮料、烟草制品的制造业的出口国内附加值率显著高于技术密集型的生产计算机、电子和光学产品制造业。说明在全球价值链分工体系下，中国的劳动力优势仍然发挥着重要作用。从变动幅度来看，劳动密集型行业的食品、饮料、烟草制品的制造业在样本区间范围内基本呈现平稳的趋势，而技术密集型的生产计算机、电子和光学产品制造业的出口国内附加值率增长迅速，这也表明技术密集型行业可以在全球价值链的生产分工中大有作为，获得高附加值率。而劳动密集型行业在参与分工中的获利能力可以说已经处于最大化，发展潜力受限。这表明高技术或高端产业不见得就是高增加值贡献率产业，而低技术或低端产业也未必是低增加值贡献率产业。实际上，高技术产业其实也有低端链条，而低技术产业中同样也存在高端环节。此外，发现中国各制造业的出口国内附加值率差距逐渐拉大。从 2000 年的各制造业的集中趋势到 2014 年的分散化，预示着在全球价值链的分工链上，各制造业要找准各自的定位，实现价值增值。

从国家间比较来看，韩国、日本、美国等发达国家的 GVC 前向参与度高于中国和印度等新兴市场国家。这说明这些国家的国内增加值更多地作为中间产品出口到第三国。表明了国际生产链条的不断延伸以及中间产品生产的多次跨国境变动。而中国和印度等新兴市场国家的制造业的 GVC 后向参与度较高。但是中国和印度两国的 GVC 后向参与度近年来呈现下降的趋势。这表明中国在参与全球价值链的过程中，还是处于一个进口国的状态，依赖于对外国中间产品的进口，也可以理解为中国承接来自发达国家的外包项目，但是这种状态正在逐渐转变。近年来，中国和韩国制造业的 GVC 位置表现为上升的趋势，说明了国际分工地位的提升，但是低于美国和日本。不过，近年来中国的追赶之势不减，与美国和日本的差距逐渐缩小。与其他主要国家相比，中国制造业出口的国内附加值率并不低，甚至有赶超之势。可能的原因是：一方面中国作为制造大国，依靠劳动力优势逐渐融入全球价值链的浪潮中，虽然从事低技能的加工组装环节，但是劳动力优势最大限度地发挥效果，使制造业产品物美价廉，从而出口量远远超过其他国家，伴随而来的是出口附加值的提升；另一方面是中国在全球价值链的参与程度还不深，垂直专业化水平较低，自然不会被其他国家分享出口附加值。由此得到的反向思考是在参与到全球分工合作过程中，难免会被参与其中的国家分摊收益。如何能在分工中实现专业化生产，占据附加值增值较大的环节是重点。

三、行业层面制造业投入服务化对中国制造业出口升级的影响效应

运用 2000~2014 年 WIOD 投入产出数据库的数据，实证考察了制造业投入服务化对中国在全球价值链参与度、分工地位和出口国内附加值率的

影响并检验了相关作用机制。得到如下结论：第一，总体来看，制造业服务化与中国在全球价值链参与度呈现"倒 U 型"关系，表明制造业投入服务化对价值链参与度的深化作用是边际递减的。随着服务化程度的加强，制造业出口升级的速度逐渐下降；制造业投入服务化趋势对制造业在全球价值链中的分工地位产生显著的正向促进作用；制造业投入服务化与制造业出口国内附加值率之间存在显著的"U 型"关系，当制造业投入服务化水平提升达到且超过一定的阈值后，制造业投入服务化将显著提升制造业出口国内附加值率。第二，从不同服务来源角度来看，国外和国内服务投入对全球价值链参与度、分工地位和出口国内附加值率的影响均显著，但影响效应存在差异。第三，从服务投入异质性来看，不管是现代化的服务投入（电信和金融服务化）还是传统的服务投入（批发零售和运输服务化），都对制造业出口升级产生重要影响。由于衡量制造业出口升级指标的不同，现代服务投入和传统服务投入对其产生的影响存在差异。第四，从行业要素密集度来看，制造业投入的服务化对于劳动密集型制造业和技术密集型制造业的 GVC 活动影响较为显著，对资本密集型行业的影响较小或者不显著。可能的解释是我国制造业的劳动优势虽然减弱，但是劳动力低成本的比较优势仍然发挥重要作用，所以制造业投入的服务化对于劳动密集型制造业的 GVC 活动影响较为显著。对于技术密集型制造业，在服务要素渗透到制造业的过程中，带来的是技术的溢出和学习效应的增强，想必会对制造业在全球价值链的参与度、分工地位和出口国内附加值率产生重要影响。投入服务化之所以对资本密集型行业的影响较小或者不显著，是因为服务要素的投入其实需要资金的投入，如果制造业和服务要素的结合不紧密，不会达到"1+1>2"的产出效果，反而会增加生产成本，成本效应的扩大化会影响制造业在全球价值链分工中的表现。第五，从内生性检验和稳健性检验的结果表明制造业投入服务化对中国制造业的 GVC 活动的影响结果是可靠的，证明了研究结论是稳健的。第六，目前，我国制造业服务化水平整体较低，还未达到制造业投入服务化的最优临界水平，仍具有很大的提升空间。第七，作用机制检验表明，制造业投入服务化通过研发创新对中国制造业的 GVC 后向参与度、GVC 分工地位和出口国内附加值率产生重要影响。研发创新是制造业服务化对制造业出口升级的作用渠道之一；制造业服务化通过生产分割而影响中国制造业 GVC 参与度、分工地位和出口国内附加值率。证实了生产分割是制造业投入服务化对制造业出口升级的另一作用渠道，但是生产分割这种中介传导效用在减弱。

四、企业层面的制造业投入服务化对中国制造企业出口产品质量升级的影响效应

通过对接中国工业企业数据库、中国海关数据库和 WIOD 投入产出数据库，得到微观企业层面的数据，实证检验了全球价值链视角下中国制造业投入服务化对中国制造企业出口产品质量的影响，同时检验了相关作用机制来剖析制造业投入服务化是如何影响制造企业出口产品质量的。得出以下结论：第一，总体来看，制造业投入服务化与企业出口产品质量之间是"倒U型"关系。即制造业投入服务化对中国企业出口产品质量提升的促进作用存在一个阈值，当制造业投入服务化水平没有超过临界值时，服务化程度的提升会显著促进中国企业出口产品质量。但是当服务化程度过高，超出最优水平时，反而会抑制企业出口产品质量的提升。我们认为，一方面，服务投入的增加意味着高效的企业管理、较高质量的人力资本和完善的产品研发体系进入原有的生产环节，提高了产品的质量。另一方面，制造业投入服务化会带来规模经济效应，降低企业的交易和运营成本，并通过"干中学效应"实现专业化生产分工，提升产品技术含量，进而带来产品质量的提升。但是过多的服务要素的投入，会对其他中间投入或者生产要素的投入产生"挤出效应"，不利于生产资源的优化配置，进而妨碍产品质量的提升。第二，制造业投入服务化对不同贸易类型企业的影响存在差异，其中对加工贸易企业的出口产品质量的影响显著为正。这是因为服务要素中蕴含着大量的人力资本和知识资本，在渗透到加工贸易企业的生产过程中会带来技术外溢效应和学习效应从而推动制造企业的研发创新，进而提升制造产品的技术含量和出口附加值，最终生产出高质量的产品。而与一般贸易和混合贸易企业出口产品质量产生"倒U型"关系。表明制造业投入服务化对这两种类型企业的产品质量的改善效果是存在局限性的，一旦制造业服务化水平超过一定限度，反而会逐渐减弱其对产品质量的提升作用。第三，制造业投入服务化对企业产品质量的影响存在地区差异。其中，制造业投入服务化对东部地区企业的产品质量产生显著的"倒U型"关系，对中部地区的影响不显著，对西部地区产生正向的促进作用。可能的解释是，中国服务业发展的区域差异性较为明显。东部地区经济发达，

且服务业开放，服务中间投入要素能够深入地嵌入和渗透到制造企业的生产过程中，带动企业的研发创新，进而提升产品的质量，但是在观测值范围内，东部地区的企业中相当数量的企业从事一般贸易和混合贸易，这两种贸易类型企业对产品质量产生"倒U型"的影响效应。导致东部地区企业整体服务化水平与产品质量呈现"倒U型"关系。虽然中部地区经济发展与其他两个地区相比，处于中等水平，但由于开放程度并不如东部地区，整体服务业发展处于中等水平状态，企业从有限的服务投入中获得的收益有限，服务中间投入对企业产品质量的影响并不显著。西部地区的经济发展虽然缓慢，但是由于政策支持，对西部地区的扶持力度较大，服务要素的投入带来的是企业的学习和技术吸收能力的外溢。西部地区企业在生产过程中对服务投入的敏感度较高，所以边际效应明显。由此带来西部地区企业产品质量的改善。第四，制造业投入服务化对不同所用制类型企业的出口产品质量的影响存在差异性。其中，对私人企业、港澳台企业和外商企业的出口产品质量产生"倒U型"效应。对国有企业出口产品质量产生显著的负向影响，对集体企业出口产品质量的影响不显著，对其他类型企业的出口产品质量产生显著的正向影响。对此可能的解释是，国有企业是事关国民经济发展的关键企业，容易获得资本、劳动和土地等关键要素，长期存在预算软约束。过度的服务投入带来的是生产成本的增加、生产效率的止步不前，长此以往会带来消极的负向作用，进而发挥不了制造业投入服务化对国有企业产品质量的改善作用。对于私人企业、港澳台企业和外商企业这三种性质的企业而言，其一般为技术和资本密集型企业，尤其对金融和电信服务等高级服务要素的依赖性较强，通过投入产出关系受服务投入的"涟漪效应"的影响较大，为此，高级要素的投入带来产品技术含量的提升，产品质量得到改善。但是过犹不及，过多的服务要素在融入制造企业的生产中，会产生负向的弱化作用。第五，从服务来源看，制造业国内投入服务化与企业出口产品质量产生显著的"U型"关系，国外服务化对企业出口产品质量产生显著的"倒U型"影响作用。第六，从服务投入异质性来看，分销服务化、运输服务化、电信服务化和金融服务化与整体制造业服务化对企业出口产品质量的影响一致，均是"倒U型"关系。第七，影响机制检验表明，研发创新、成本效应和生产分割是制造业投入服务化对企业出口产品质量升级的可能渠道。

第二节　政策建议

制造业投入服务化作为全球价值链生产网络的重要特征，是推动中国对外贸易转型升级的重要手段之一，不仅有助于引领中国制造业深度参与全球价值链并向价值链高端攀升，而且有助于培育新的经济增长点。同时对于促进全球价值链和国内价值链深度有机结合，对接党的二十大报告中强调的"提升国际循环质量和水平"，实现高质量发展亦具有重要意义。综合上述研究结论可以得到的主要政策启示或建议是：

一、改善服务投入结构

在制造业服务化进程中，不管是传统服务要素的投入还是现代服务要素的投入都对制造企业出口升级产生重要推动作用。但是我国仍然是传统的服务要素投入占比较大，由于传统的服务要素对价值链升级作用有限，所以面对制造业投入服务化现状，要适当减少制造业中传统的服务投入比重，重视并增加现代服务投入要素投入比重。制造业服务化中的传统服务要素（如分销和运输服务）的质量并不高，这种粗放式的投入带来的是成本的增加，但对制造业出口升级的作用却较小。现代服务（如电信和金融服务）作为高质量和高端化的投入要素，有利于提升出口附加值，增强制造行业的国际竞争力。因此，要落实《发展服务型制造专项行动指南》等的要求，加强制造业服务化的资金、人才等政策保障，积极提高传统服务业的服务质量，同时更要加强现代服务业的发展，增强制造行业对高端服务投入的需求，充分发挥现代服务业在制造业服务化进程中的作用。

二、加强高端服务要素与制造业的融合

电信服务和金融服务作为高端的服务要素是制造业投入服务化质量得以保障的重要支撑。高质量的服务投入对制造业全球价值链的生产活动有重要影响。因此加强高端服务要素在制造业生产过程的深度渗透和融合是

非常必要的。其中电信服务的重要之处在于信息通信技术为制造企业与消费者之间的信息传递提供了高效保障，不仅方便了制造企业之间的信息交流，而且便捷了制造企业与服务业之间的信息交流。尤其在大数据时代，电信服务的重要作用更是不容忽视。制造企业可以利用通信技术和智能化的处理技术收集并处理消费者的相关信息数据，分析出消费者对制造产品的消费偏好，进而激发并引导制造企业制定新的市场方案，帮助制造企业顺利快捷地提供能满足市场需求的产品。当然，电信服务与制造企业的深度融合需要政府和企业的共同作用。政府要发挥政策导向和支持鼓励甚至是奖励的功能，合理引导企业进行信息技术和智能化平台的建设。企业要适应当前市场发展的方向，找准定位，加大对信息化投入的比重，促进信息化、智能化与制造业生产的融合。对于高质量的金融服务的投入，为制造企业提供了金融服务支持，有利于加快制造业服务化进程。具体来看，对于制造企业融资难的问题，金融服务体系要向制造业与服务活动融合的形势看齐，不断完善和创新融资服务模式，构建服务于其他服务化过程的金融体系模式，从而为制造业创造方便的融资渠道和环境。诸如对制造业产品生产线上的批发分销、物流仓储、电子商务等提供金融支持，进而融合和强化诸多类型的服务投入对制造企业生产活动的助推作用。

三、协调和匹配国内外服务投入

在全球价值链生产体系下，制造业服务投入不仅来源于国内，还有国外服务要素的参与。我国目前的制造业服务化投入中以国内服务投入为主，国外服务投入为辅。国外服务投入的比例虽然较小，但是国外服务一般是高质量、高技术水平的服务要素。如何在制造业全球价值链生产过程中，协调和匹配国内外服务投入是值得重视的。国内服务投入和国外服务投入不应是各自为营，应该是相互磨合、配合和渗透，共同发挥作用，助推制造业出口升级。首先，政府要充分发挥职能，积极推动国内产业集群化发展，构建集制造、研究、设计、金融、运输、通信、法律、会计、商务咨询等一体化的集群式模式，加速整合国内市场要素和中间产品市场，大力推进上下游产业和支持性产业配套发展，促进集群内的制造业企业与服务业之间的密切合作融合，降低制造业价值链生产中的交易和协作成本。其次，国内制造业在利用国外服务要素的过程中，要充分发挥主观能动性，积极引进和吸收国外先进服务产品和技术，结合技术溢出效应和"干中学"效应，增强国内服务投入的质量和效率。最后，通过政府创造的政策条件支持，在《中国制造 2025》和《发展服务型制造专项行动指南》的导向下，着力推进国内服务要素和国外服务要素的协调配合，发挥其对制造业在全球生产网络下的价值链升级的作用。

四、继续贯彻落实研发创新政策

从前面的研究结论可知，研发创新作为制造业服务化对中国制造业出口升级的重要渠道，对出口升级有着重要意义。所以政府要完善政策环境，继续贯彻落实研发创新政策，推动企业走自主创新之路。制造企业要加快研发投入，培育丰富的知识和人力资本，推动新服务的发展，引导制造业在研发、设计、营销、售后等多个环节对高质量服务要素的融合，进而强化研发创新对高端制造业的服务支撑，发挥制造业服务化对制造业出口升级的促进作用。具体来看，对于风险高、资金耗费多、设计技术复杂的创新活动，政府要牵头与企业合作开展创新活动，建立共享机制，减轻制造企业的风险和资金压力。另外通过减税让利等扶持政策，奖励企业积极引进国外先进的研发技术，并鼓励技术水平较高的制造企业向技术水平较低行业扩散先进的科学技术服务。与之相配套的是集科研服务、人力资源和信息、知识产权于一体的中介服务体系的建立。这样的服务平台有利于企业创新活动的开展。对于制造企业自身而言，不仅要加强自身的核心技术能力，更要促进技术成果向生产过程的转化，提升出口产品的价值和产品质量，实现科技产业化。

五、重视制造业服务化过程中企业的成本效应

成本效应是制造业投入服务化对制造业出口升级的作用渠道之一，这意味着为了充分发挥制造业投入服务化对制造业出口升级的促进效应，重视成本效应是一个重要的政策启示。服务要素在制造业生产过程中的投放和渗透，初期可能采取盲目的服务投入化，致使生产和管理复杂度增加，进而带来企业生产成本的上升（Gebauer 等，2005）。随着企业生产中的制造环节和服务要素的统筹和协调配合，提高了企业生产效率，从而逐渐降

低企业的生产成本。此时，制造业投入服务化能够刺激企业整合资源，专注于高知识和技术密集型产品的生产，有利于实现企业内部规模经济，降低企业成本，推动制造企业向高附加值的价值链环节攀升。即使过去数十年中，随着技术进步和贸易政策的改进，贸易成本持续下降，但是随着全球价值链的参与度逐渐加深，成本累积和放大效应的影响越来越强，制造业尤其明显，产生不利于出口倾向的影响。因此，应贯彻落实供给侧改革任务中关于降低制度性交易成本、企业税费负担、社会保险费、财务成本、电力价格、物流成本六方面做出的重要部署，降低企业成本，提高全要素生产率，真正发挥制造业服务化对出口升级的推动作用。

六、推动制造企业积极参与到全球价值链生产网络中

在全球价值链生产网络中，既有发达国家的参与也有发展中国家的参与，全球化的国际生产分工将世界各国更为紧密地联系在一起。中国作为参与国，长期以来承接发达国家向我国转移的组装加工环节并完成相对高端的零部件的组装生产，随后又出口到全球。在与发展中国家的合作中，中国主要引进一些中间品和初级产品，并以国际产能合作、国际工程承包等方式，引领发展中国家融入全球价值链。中国已成为连接发达国家和发展中国家价值链的枢纽国[①]。既然全球价值链的生产分工模式给发展中国家融入世界经济提供了新的机会，那么中国就要积极参与到全球价值链贸易中。在坚定不移地加大对外开放的政策号召下，中国日后考虑通过统筹规划对外投资、强化"一带一路"建设等方式，稳步构建中国发挥关键作用的新价值链分工体系。从本书对制造业服务化的研究来看，尽管是制造业投入服务化对制造企业的经营和管理模式产生了冲击，但同时也加快了制造企业的服务化进程。随着制造过程中服务要素的参与，推动了企业生产过程的复杂化，这种生产结构的复杂化和专业化势必会倒逼企业改进生产技术，进而驱动产品质量的改善。因此中国需要继续坚持扩大对外开放政策，扩大国际交流与合作，积极鼓励制造企业引进和吸收国外先进的高质量的服务要素，充分发挥高端服务要素或者高端服务业对制造产业的关联

---

① 资料来源：向全球价值链高端攀升，中国在行动［EB/OL］.（2019-08-13）http：//news. gmw. cn/2019-08/13/content_33072933. htm.

效应、技术溢出效应和竞争效应，带动国内服务业以及制造业的发展，通过提高全球价值链嵌入度和分工地位实现出口贸易转型升级和经济增长，最终推进我国经济向高质量发展。具体来说，一方面，政府要进一步削减服务贸易壁垒和放松国内管制，营造良好的服务业发展环境和贸易环境，充分利用国外高端服务要素，助推中国制成品出口质量不断提升；另一方面，企业在注重生产性服务投入的同时，要不断提高学习能力，吸收服务中内含的前沿知识和技术，从而提高自身的研发创新能力和生产技术水平，增强全球价值链嵌入能力和增加值获取能力（马盈盈，2019）。

七、稳步推进制造业服务化进程

制造业投入服务化对不同所有制类型、不同区域、不同贸易类型的企业的出口产品质量的影响效应是存在差异的。因此在推进制造业服务化进程中，要有的放矢、有针对性地推进制造业服务化进程。中国正处于由高速增长阶段向高质量发展阶段转变的攻关期，提升企业出口产品质量是推动质量变革、打造质量强国和贸易强国的重中之重。虽然中国企业广泛参与全球价值链，但往往过度依赖国际化生产网络，出口产品质量的提升空间极其有限，出口产品的低价和低端化问题非常突出（苏丹妮等，2018）。制造业投入服务化作为企业出口产品质量升级的重要推动力对于中国对外贸易方式转型和出口竞争力的重塑至关重要。具体来看，政府要进一步加强国有企业改革，充分发挥制造业服务化对资源配置效率的作用。积极引导私人企业、港澳台企业和外商企业的服务化进程，避免盲目的服务投入。由于中国东部、中部、西部的服务业发展的区域差异性较为明显，所以地区之间要打破行政区划，通过完善和制定地区治理规划，充分发挥东部地区对中西部地区的帮扶和交流，改善以往单纯的政策倾斜和优惠政策等措施，真正在企业管理体制和创新体制上进行改革和提升，综合全面推进服务对制造业的支撑，形成规模化的链条式的生产体系，打造出高质量的产品，提升中国出口竞争力。

参考文献

［1］ Ahn J. B. , Khandelwal A. K. , Wei S. J. The Role of Intermediaries in Facilitating Trade ［J］. Journal of International Economics, 2011, 84（1）: 73-85.

［2］ Andrew B. Bernard, J. Bradford Jensen. Exceptional Exporter Performance: Cause, Effect, or Both? ［J］. Journal of International Economics, 1999, 47（1）: 1-25.

［3］ Antras P. , Chor D. , Fally T. , Hillberry R. Measuring the Upstreamness of Production and Trade Flows ［J］. The American Economic Review, 2012, 102（3）: 412-416.

［4］ Antras P. , Chor D. Organizing the Global Value Chain ［J］. Econometrica, 2013, 81（6）: 2127-2204.

［5］ Arndt S. W. Globalization and the Open Economy ［J］. North American Journal of Economics and Fininace, 1997, 8（1）: 71-79.

［6］ Bernard A. B. , Jensen J. B. Exporters, Jobs, and Wages in U. S. Manufacturing, 1976-1987 ［R］. Washington D. C. : Brokings Papers on Economic Activity, Microeconomics, 1995.

［7］ Brander J. A. Krugman P. R. A Reciprocal Dumping Model of Internation Trade ［J］. Journal of International Economics, 1983（15）: 313-321.

［8］ Brandt L. , Johannes V. B. , Zhang Y. F. Creative Accounting or Creative Destruction? Firm—Level Productivity Growth in Chinese Manufacturing ［J］. Journal of Development Economics, 2012, 97（2）: 339-351.

［9］ Brown S. W. The Move to Solutions Providers ［J］. Marketing Management, 2000, 9（1）: 10-11.

［10］ Charles van Marrewijk, Joachim Stiborab, Albert de Vaal, Jean-Marie Viaene. Producer Services, Comparative Advantage, and International Trade Patterns ［J］. Journal of International Economics , 1997 , 42（1/2）: 195-220.

［11］ David Dollar, Ying Ge, Xinding Yu. Institutional Quality and Participation in Global Value Chains ［EB/OL］. 2017. http：//202.204.172.233：8080/pub/qqjzlyjy/docs/20160407201118816062. pdf.

［12］ Edward D. Reiskin, Allen L. White, Jill Kauffman Johnson, Thomas J. Votta. Servicizing the Chemical Supply Chain ［J］. Journal of Industrial Ecology, 2000, 3 (2/3)：19-31.

［13］ Edward J. R. , Lambert L. S. Methods for Integrating Moderation and Mediation：A General Analytical Framework Using Moderated Path Analysis ［J］. Psychological Methods, 2007, 12 (1)：1-22.

［14］ Eric (Er) Fang, Robert W. Palmatier, Jan-Benedict E. M. Steenkamp. Effect of Service Transition Strategies on Firm Value ［J］. Journal of Marketing, 2008, 72 (5) ：1-14.

［15］ Fally T. On the Fragmentation of Production in the US ［R］. University of Colorado-Boulder, Oct, 2011.

［16］ Falvey R. E, Kierzkowski H. Product Quality, Intra-Industry Trade and Imperfect Competition ［M］//Kierzkowski H. Protectionend Competition in International Trade：Essays in Hononr of W. M. Corden. Oxford：Basil Blackwell, 1987.

［17］ Falvey R. E. Commercial Policy and Intra - Industry Trade ［J］. Journal of International Economics, 1981 (11)：495-511.

［18］ Fan H. , Li Y. , Yeaple S. R. Trade Liberalization, Quality, and Export Prices ［J］. Review of Economics and Statistics, 2015, 97 (5)：1033-1051.

［19］ Francois J. , Woerz J. Producer Services, Manufacturing Linkages, and Trade ［J］. Journal of Industry, Competition and Trade, 2008, 8 (3/4)：199-229.

［20］ Gebauer H. , Fleisch E. , Friedli T. Overcoming the Service Paradox in Manufacturing Companies ［J］. European Management Journal, 2005, 23 (1)：14-26.

［21］ Gereffi G. International Trade and Industrial Upgrading in the Apparel Commodity Chain ［J］. Journal of International Economics, 1999, 48 (1)：37-70.

［22］ Gereffi G. Shifting Governance Structures in Global Commodity Chains, with Special Reference to the Internet ［J］. American Behavior Scientist, 2001, 44 (10)：1616-1637.

[23] Gervais A. Product Quality, Firm Heterogeneity and International Trade [J]. Canadian Journal of Economics, 2015, 48 (3): 1152-1174.

[24] Gibbon B. J., Ponte S. Governing Global Value Chains: An Introduction [J]. Economy and Society, 2008, 37 (3): 315-338.

[25] Greenfield H. I. Manpower and the Growth of Producer Services [M]. New York and London: Columbia University Press, 1966.

[26] Grossman G. M., Rossi-Hansberg E. External Economies and International Trade Redux [J]. The Quarterly Journal of Economics, 2010, 125 (2): 829-858.

[27] Grubel H. G., Lloyd P. J. Intra-Industry Trade: The Theory and Measurement of International Trade in Differentiated Products [J]. Journal of International Economics, 1975, 6 (3): 312-314.

[28] Gunter Lay, Giacomo Copani, Angela Jager, Sabine Biege. The Relevance of Service in European Manufacturing [J]. Industries Journal of Service Management, 2010, 21 (5): 715-726.

[29] Hallak J. C. Product Quality and the Direction of Trade [J]. Journal of International Economic, 2006, 68 (1): 238-265.

[30] Hallak J. C., Sivadasan J. Productivity, Quality and Exporting Behavior under Minimum Quality Requirements [R]. NBER Working Paper, 2009.

[31] Hausmann R., Jason H., Dani R. What you Export Matter [J]. Journal of Economic Growth, 2007 (12): 1-25.

[32] Helpman E., Krugman P. R. Market Structure and Foreign Trade: Increasing Returns, Imperfect Competition, and the International Economy [M]. Cambridge: MIT Press, 1985.

[33] Helpman E. Trade, FDI and the Organization of Firms [R]. NBER Working Paper No. 12091, 2006.

[34] Hummels D., Ishii J., Yi K. M. The Nature and Growth of Vertical Specialization in World Trade [J]. Journal of International Economics, 2001, 54 (1): 75-96.

[35] Hummels D., Skiba A. Shipping the Good Apples Out? An Empirical Confirmation of the Alchian-Allen Conjecture [J]. Journal of Political Economy, 2004, 112 (6): 384-1402.

［36］Humphrey J. , Schmitz H. Governance and Upgrading: Linking Industrial Cluster and Global Value Chain Research ［R］. Brighton: Institute of Development Studies, IDS Working Paper 120, 2000.

［37］Humphrey J. , Schmitz H. How does Insertion in Global Value Chains Affect Upgrading in Industrial Clusters ［J］. Regional Studies, 2002, 36 (9): 1017-1027.

［38］James R. Markusen. Trade in Producer Services and in Other Specialized Intermediate Inputs ［J］. The American Economic Review, 1989, 79 (1): 85-95.

［39］John Humphrey, Hubert Schmitz. Governance in Global Value Chains ［J］. IDS Bulletin, 2001, 32 (3): 19-29.

［40］Johnson R. C. , Noguera G. Accounting for Intermediates: Production Sharing and Trade in Value Added ［J］. Journal of International Economics, 2012, 86 (2): 224-236.

［41］Jones R. W. , Kierzkowski H. The Role of Services in Production and International Trade: A Theoretical Framework ［M］//The Political Economy of International Trade. Oxford: Basil Blackwell, 1990.

［42］Joseph F. Francois. Trade in Producer Services and Returns due to Specialization under Monopolistic Competition ［J］. The Canadian Journal of Economics / Revue canadienne d'Economique, 1990, 23 (1): 109-124.

［43］Kaplinsky R. , Morris M. Governance Matters in Value Chains ［J］. Developing Alternatives, 2003, 9 (1): 11-18.

［44］Kaplinsky R. , Morris M. A Handbook for Value Chain Research ［R］. Brighton: Institute of Development Studies, University of Sussex, 2002.

［45］Khandelwal A. K. , Schott P. K. , Wei S. J. Trade Liberalization and Embedded Institutional Reform: Evidence from Chinese Exporters ［J］. American Economic Review, 2013, 103 (6): 2169-2195.

［46］Kogut B. Designing Global Strategies: Comparative and Competitive Value Added Chains ［J］. Sloan Management Review, 1985, 26 (4): 15-28.

［47］Koopman R. , Powers W. , Wang Z. , Wei S. J. Give Credit to Where Credit is Due: Tracing Value Added in Global Production Chains ［R］. NBER Working Papers, No. 16426, 2010.

[48] Koopman R. , Wang Z. , Wei S. J. Tracing Value-Added and Double Counting in Gross Exports [J]. Amercian Economics Review, 2014, 104 (2): 459-494.

[49] Krugman P. A Model of Balance-of-payments Crises [J]. Journal of Money, Credit and Banking, 1979, 11 (3): 311-325.

[50] Krugman P. Scale Economies, Product Differentiation, and the Pattern of Trade [J]. The American Economic Review, 1980, 70 (5): 950-959.

[51] Krugman P. R. Increasing Returns, Monoplistic Competition and International Trade [J]. Journal of International Economic, 1979, 9 (4): 469-479.

[52] Lancaster K. Intra-industry Trade Under Perfect Monopolistic Competition [J]. Journal of International Economics, 1980 (10): 151-176.

[53] Leontief W. W. Input-output Economics [M]. UK: Oxford University Press, 1986.

[54] Liu X. P. , Mattoo A. , Wang Z. , Wei S. J. Modern Service Development as a Source of Comparative Advantage for Manufacturing Exports [R]. Working Paper, 2014.

[55] Marc J. Melitz. The Impact of Trade on Intra-Industry Reallocations and Aggregate Industry Productivity [J]. Econometrica, 2003, 71 (6): 1695-1725.

[56] Mathieu V. Product Services: From a Service Supporting the Product to a Service Supporting the Client [J]. Journal of Business and Industrial Marketing, 2001, 16 (1) : 39-58.

[57] Mont O. Product Service-systems [R]. Lund: Lund University, Final Report for IIIEE, 2000.

[58] Neely A. , Benedettini O. , Visnjic I. The Servitization of Manufacturing: Further Evidence [C]. Cambridge: 18th European Operations Management Association Conference, 2011.

[59] Oliva R. , Kallenberg R. Managing the Transition from Products to Services [J]. International Journal of Service Industry Management, 2003, 14 (2): 160-172.

[60] Porter M. E. Competitive Advantage: Creating and Sustaining Superior

Performance [M]. New York: Free Press, 1998.

[61] Ren G., Gregory M. Servitization in Manufacturing Companies [C]. San Francisco, CA: Paper Presented at 16th Frontiers in Service Conference, 2007.

[62] Robert C. Feenstra, Gordon H. Hanson. Foreign Investment, Outsourcing and Relative Wages [R]. NBER Working Paper, No. 5121, 1995.

[63] Robinson T., Clarke-Hill C. M., Clarkson R. Differentiation Through Service: A Perspective from the Commodity Chemicals Sector [J]. The Service Industries Journal, 2002, 22 (3): 149-166.

[64] Romer D. Advanced Macroeconomics, Forth Edition [M]. New York: McGraw-Hill, 2012.

[65] Romero I., Dieztenabcher E., Hewings G. J. D. Fragmentation and Complexity: Analyzing Structural Change in the Chicago Regional Economy [J]. Economy Revista De Economia Mundial, 2009 (23): 15-23.

[66] Schott P. K. Across-product Versus Within-product Specialization in International Trade [J]. The Quarterly Journal of Economics, 2004, 119 (2): 647-678.

[67] Shaked A., Sutton J. Natural Oligopolies and International Trade [M] // Kierzkowski H. Monopolistic Competition and International Trade. Oxford: Oxford University Press, 1984.

[68] Szalavetz A. Tertiarization of Manufacturing Industry in the New Economy: Experiences in Hungarian Companies [R]. Hungarian Academy of Sciences Working Papers, No. 134, March, 2003.

[69] Timothy J. Sturgeon. How do We Define Value Chains and Production Networks? [J]. IDS Bulletin, 2001, 32 (3): 9-18.

[70] Van Looy B., Cemmel P., Van Dierdonck R. Services Management: An Integrated Approach [M]. Harlow: Pearson Education Limited, 2003.

[71] Vandermerwe S., Rada J. Servitization of Business: Adding Value by Adding Services [J]. European Management Journal, 1988, 6 (4): 314-324.

[72] Wang Z., Wei S. J., Zhu K. Quantifying International Production Sharing at the Bilateral and Sector Level [R]. NBER Working Paper, No. 19677, 2013.

[73] Wang Zhi, Shang-Jin Wei, Xinding Yu, Kunfu Zhu. Measures of Par-

ticipation in Global Value Chains And Global Business Cycles［R］. NBER Working Paper, No. 23222, 2017.

［74］Wang Zhi., Shang-Jin Wei, Xinding Yu, Kunfu Zhu. Characterizing Global Value Chains: Production Length and Upstreamness［R］. NBER Working Paper, No. 23261, 2017.

［75］White A. L., Stoughton M., Feng L. Servicizing: The Quite Transition to Extended Product Responsibility［R］. Boston: Tellus Institute, 1999.

［76］Wolfmayr Y. Export Performance and Increased Services Content in Manufacturing［J］. National Institute Economic Review, 2012, 220 (1): 36-52.

［77］Wooldridge J. Econometrics Analysis of Cross Section and Panel Data［M］. Cambridge: MIT Press, 2002.

［78］安筱鹏. 制造业服务化路线图——机理、模式与选择［M］. 北京: 商务印书馆, 2012.

［79］陈洁雄. 制造业服务化与经营绩效的实证检验——基于中美上市公司的比较［J］. 商业经济与管理, 2010 (4): 33-41.

［80］陈启斐, 刘志彪. 反向服务外包对我国制造业价值链提升的实证分析［J］. 经济学家, 2013 (11): 68-75.

［81］程大中, 程卓. 中国出口贸易中的服务含量分析［J］. 统计研究, 2015 (3): 46-53.

［82］程大中. 中国参与全球价值链分工的程度及演变趋势——基于跨国投入—产出分析［J］. 经济研究, 2015 (9): 4-16.

［83］大卫·李嘉图. 政治经济学及赋税原理［M］. 周洁, 译. 北京: 华夏出版社, 2005.

［84］戴翔. 中国制造业出口内涵服务价值演进及因素决定［J］. 经济研究, 2016 (9): 44-57.

［85］杜传忠, 张丽. 中国工业制成品出口的国内技术复杂度测算及其动态变迁——基于国际垂直专业化分工的视角［J］. 中国工业经济, 2013 (12): 52-64.

［86］段容谷, 庄媛媛, 张克勇, 吴云霞. 突发公共卫生事件下多阶段应急救援物资配置研究［J］. 中国安全生产科学技术, 2021, 17 (12): 142-148.

［87］俄林. 区际贸易与国际贸易［M］. 北京: 华夏出版社, 2008.

［88］樊茂清，黄薇．基于全球价值链分解的中国贸易产业结构研究［J］．世界经济，2014（2）：50-70.

［89］高传胜．中国生产者服务对制造业升级的支撑作用——基于中国投入产出数据的实证研究［J］．山西财经大学学报，2008，30（1）：44-50.

［90］高静，韩德超，刘国光．全球价值链嵌入下中国企业出口质量的升级［J］．世界经济研究，2019（2）：74-84.

［91］高晓娜，彭聪．产业集聚对出口产品质量的影响——基于规模效应和拥挤效应视角［J］．世界经济与政治论坛，2019（5）：62-76.

［92］耿楠．全球价值链中的制造业服务化［J］．世界知识，2015（12）：62-63.

［93］顾乃华，夏杰长．对外贸易与制造业投入服务化的经济效应——基于2007年投入产出表的实证研究［J］．社会科学研究，2010（5）：17-21.

［94］郭沛，吴云霞．中日双边贸易中的国内生产要素分解：基于WIOD数据库的实证分析［J］．现代日本经济，2016（5）：38-50.

［95］郝能，吴云霞．领导人访问、交易成本与中国对外货物贸易［J］．中国市场，2021（28）：3-7，42.

［96］何欢浪，铁瑛，张娟．服务业发展促进了出口产品质量提升吗［J］．国际贸易问题，2017（12）：70-82.

［97］何哲，孙林岩．中国制造业服务化——理论、路径及其社会影响［M］．北京：清华大学出版社，2012.

［98］胡昭玲，夏秋，孙广宇．制造业服务化、技术创新与产业结构转型升级——基于WIOD跨国面板数据的实证研究［J］．国际经贸探索，2017（12）：4-20.

［99］黄群慧，霍景东．全球制造业服务化水平及其影响因素——基于国际投入产出数据的实证分析［J］．经济管理，2014（1）：1-11.

［100］黄群慧，霍景东．中国制造业服务化的现状与问题——国际比较视角［J］．学习与探索，2013（8）：90-96.

［101］黄群慧．"新常态"、工业化后期与工业增长新动力［J］．中国工业经济，2014（10）：5-19.

［102］黄群慧．以技术创新促制造业信息化服务化［N］．文汇报，2017-01-23.

［103］简晓彬．制造业价值链攀升机理研究——以江苏省为例［D］.

徐州：中国矿业大学博士学位论文，2014.

［104］简兆权，伍卓深．制造业服务化的内涵与动力机制探讨［J］．科技管理研究，2011（22）：105-107.

［105］江静，刘志彪，于明超．生产者服务业发展与制造业效率提升：基于地区和行业面板数据的经验分析［J］．世界经济，2007（8）：52-62.

［106］姜悦，黄繁华．服务业开放提高了我国出口国内附加值吗——理论与经验证据［J］．财经研究，2018（5）：74-81.

［107］蒋庚华，吴云霞．单位劳动成本上升条件下制造业价值链升级研究——基于跨国面板的实证分析［J］．经济纵横，2022（2）：42-53.

［108］蒋庚华，吴云霞．全球价值链位置对中国行业内生产要素报酬差距的影响——基于 WIOD 数据库的实证研究［J］．财贸研究，2017，28（8）：44-52.

［109］金碚．全球化新时代的中国产业转型升级［J］．中国工业经济，2017（6）：41-46.

［110］康雯，吴云霞．绿色金融、融资约束内在机理与反融资约束效应［J］．经济问题探索，2022（6）：124-133.

［111］李跟强，潘文卿．国内价值链如何嵌入全球价值链：增加值的视角［J］．管理世界，2016（7）：10-22.

［112］李伟，路惠雯．FDI 对我国出口产品质量的影响分析——基于企业异质性理论的视角［J］．经济问题探索，2019（10）：108-124.

［113］蔺雷，吴贵生．制造业的服务增强研究：起源，现状与发展［M］．北京：清华大学出版社，2007.

［114］刘斌，王乃嘉．制造业投入服务化与企业出口的二元边际——基于中国微观企业数据的经验研究［J］．中国工业经济，2016（9）：59-74.

［115］刘斌，魏倩，吕越，祝坤福．制造业服务化与价值链升级［J］．经济研究，2016（3）：151-162.

［116］刘继国，李江帆．国外制造业服务化问题研究综述［J］．经济学家，2007（3）：119-126.

［117］刘继国，赵一婷．制造业企业产出服务化战略的影响因素及其绩效：理论框架与实证研究［J］．上海管理科学，2008（6）：42-46.

［118］刘继国，赵一婷．制造业中间投入服务化趋势分析——基于 OECD 中 9 个国家的宏观实证［J］．经济与管理，2006，20（9）：9-12.

[119] 刘琳, 盛斌. 全球价值链和出口的国内技术复杂度——基于中国制造业行业数据的实证检验 [J]. 国际贸易问题, 2017 (3): 3-13.

[120] 刘琳. 中国参与全球价值链的测度与分析——基于附加值贸易的考察 [J]. 世界经济研究, 2015 (6): 71-83.

[121] 刘维刚, 倪红福. 制造业投入服务化与企业技术进步: 效应及作用机制 [J]. 财贸经济, 2018 (8): 126-140.

[122] 刘维林, 李兰冰, 刘玉海. 全球价值链嵌入对中国出口技术复杂度的影响 [J]. 中国工业经济, 2014 (6): 83-95.

[123] 刘艳. 生产性服务进口与高技术制成品出口复杂度——基于跨国面板数据的实证分析 [J]. 产业经济研究, 2014 (4): 84-93.

[124] 刘玉荣, 刘芳. 制造业服务化与全球价值链提升的交互效应——基于中国制造业面板联立方程模型的实证研究 [J]. 现代经济探讨, 2018 (9): 46-55.

[125] 卢锋. 产品内分工 [J]. 经济学 (季刊), 2004, 4 (1): 72-73.

[126] 吕越, 黄艳希, 陈勇兵. 全球价值链嵌入的生产率效应: 影响与机制分析 [J]. 世界经济, 2017 (7): 28-51.

[127] 吕越, 李小萌, 吕云龙. 全球价值链中的制造业服务化与企业全要素生产率 [J]. 南开经济研究, 2017 (3): 88-110.

[128] 吕云龙, 吕越. 制造业出口服务化与国际竞争力——基于增加值贸易的视角 [J]. 国际贸易问题, 2017 (5): 25-34.

[129] 吕政, 刘勇, 王钦. 中国生产性服务业发展的战略选择——基于产业互动的研究视角 [J]. 中国工业经济, 2006 (8): 5-12.

[130] 马风涛, 李俊. 制造业产品国内增加值、全球价值链长度与上游度——基于不同贸易方式的视角 [J]. 国际贸易问题, 2017 (6): 129-139.

[131] 马弘, 李小帆. 服务贸易开放与出口附加值 [J]. 国际经济评论, 2018 (2): 82-91.

[132] 马盈盈, 盛斌. 制造业服务化与出口技术复杂度: 基于贸易增加值视角的研究 [J]. 产业经济研究, 2018 (4): 1-14.

[133] 马盈盈. 服务贸易自由化与全球价值链: 参与度及分工地位 [J]. 国际贸易问题, 2019 (7): 113-127.

[134] 闵连星，刘人怀，王建琼.中国制造企业服务化现状与特点分析 [J].科技管理研究，2015（12）：106-110.

[135] 倪红福，龚六堂，夏杰长.生产分割的演进路径及其影响因素——基于生产阶段数的考察 [J].管理世界，2016（4）：10-23.

[136] 倪红福.全球价值链中产业"微笑曲线"存在吗？——基于增加值平均传递步长方法 [J].数量经济技术经济研究，2016（11）：111-127.

[137] 彭水军，李虹静.中国生产者服务业，制造业与出口贸易关系的实证研究 [J].国际贸易问题，2014（10）：67–76.

[138] 彭水军，袁凯华，韦韬.贸易增加值视角下中国制造业服务化转型的事实与解释 [J].数量经济技术经济研究，2017（9）：3-19.

[139] 邱斌，叶龙凤，孙少勤.参与全球生产网络对我国制造业价值链提升影响的实证研究——基于出口复杂度的分析 [J].中国工业经济，2012（1）：57-67.

[140] 曲如晓，臧睿.自主创新、外国技术溢出与制造业出口产品质量升级 [J].中国软科学，2019（5）：18-30.

[141] 施炳展，邵文波.中国企业出口产品质量测算及其决定因素：培育出口竞争新优势的微观视角 [J].管理世界，2014（9）：90-106.

[142] 施炳展，张雅睿.贸易自由化与中国企业进口中间品质量升级 [J].数量经济技术经济研究，2016（9）：3-21.

[143] 施炳展.中国企业出口产品质量异质性：测度与事实 [J].经济学（季刊），2013（1）：263-284.

[144] 石国鑫，徐嘉忆，吴云霞，赵宇.金融监管对防范系统性金融风险影响分析 [J].全国流通经济，2022（4）：138-140.

[145] 史本叶，王晓娟.出口产品质量、国内市场规模与制度环境门槛 [J].吉林大学社会科学学报，2019，59（1）：123-133.

[146] 苏丹妮，盛斌，邵朝对.产业集聚与企业出口产品质量升级，中国工业经济 [J].2018（11）：117-135.

[147] 孙林岩，李刚，江志斌，郑力，何哲.21世纪的先进制造模式——服务型制造 [J].中国机械工程，2007（19）：2307-2312.

[148] 唐丹丹，唐姣美.政府补贴如何影响中国企业出口产品质量 [J].现代经济探讨，2019（10）：73-81.

[149] 唐志芳，顾乃华.制造业服务化、全球价值链分工与劳动收入占

比——基于 WIOD 数据的经验研究 [J]. 产业经济研究, 2018 (1): 15-27.

[150] 田巍, 余淼杰. 企业出口强度与进口中间品贸易自由化: 来自中国企业的实证研究 [J]. 管理世界, 2013 (1): 28-44.

[151] 田文. 产品内贸易的定义、计量及比较分析 [[J]. 财贸经济, 2005 (5): 77-79.

[152] 涂颖清. 全球价值链下我国制造业升级研究 [D]. 上海: 复旦大学博士学位论文, 2010.

[153] 王菁, 齐俊妍. 生产者服务贸易与制造业价值链提升—— 一个理论模型 [J]. 经济问题探索, 2015 (4): 49-55.

[154] 王岚, 李宏艳. 中国制造业融入全球价值链路径研究——嵌入位置和增值能力的视角 [J]. 中国工业经济, 2015 (2): 76-88.

[155] 王岚. 融入全球价值链对中国制造业国际分工地位的影响 [J]. 统计研究, 2014 (5): 17-23.

[156] 王思语, 郑乐凯. 制造业出口服务化与价值链提升——基于出口复杂度的视角 [J]. 国际贸易问题, 2018 (9): 92-101.

[157] 王向进. 全球价值链背景下制造业服务化的环境效应研究 [D]. 上海: 华东师范大学博士学位论文, 2019.

[158] 王小波, 李婧雯. 中国制造业服务化水平及影响因素分析 [J]. 湘潭大学学报 (哲学社会科学版), 2016 (9): 53-60.

[159] 王孝松, 吕越, 赵春明. 贸易壁垒与全球价值链嵌入——以中国遭遇反倾销为例 [J]. 中国社会科学, 2017 (1): 108-207.

[160] 王永进, 盛丹, 施炳展, 李坤望. 基础设施如何提升了出口技术复杂度 [J]. 经济研究, 2010 (7): 103-115.

[161] 王直, 魏尚进, 祝坤福. 总贸易核算方法: 官方贸易统计与全球价值链的度量 [J]. 中国社会科学, 2015 (9): 108-127.

[162] 魏浩, 袁然. 国际人才流入与中国进口贸易发展 [J]. 世界经济与政治论坛, 2017 (1): 112-123.

[163] 吴永亮, 王恕立. 增加值视角下的中国制造业服务化再测算: 兼论参与 GVC 的影响 [J]. 世界经济研究, 2018 (11): 99-115, 134.

[164] 吴云霞, 蒋庚华. 全球价值链位置对中国行业内劳动者就业工资报酬差距的影响——基于 WIOD 数据库的实证研究 [J]. 国际贸易问题, 2018 (1): 58-70.

［165］吴云霞，刘永浩．全球价值链的就业结构效应研究——基于不同国家及区域组织的比较分析［J］．未来与发展，2022，46（7）：39-47.

［166］吴云霞，马野驰．制造业投入服务化对价值链升级的影响——基于参与度和分工地位的双重视角［J］．商业研究，2020（2）：62-72.

［167］吴云霞，马野驰．国家制度距离对出口国内附加值影响的实证检验［J］．统计与决策，2020，36（20）：96-100.

［168］吴云霞，马野驰．全球价值链参与率对中国行业内劳动者就业结构差距的影响——基于 WIOD 数据库的实证研究［J］．国际经贸探索，2018，34（5）：4-18.

［169］吴云霞，史星际．价值链视角下的中国制造业垂直专业化结构剖析［J］．经济研究导刊，2016（27）：171-172，174.

［170］夏杰长．坚持现代服务业和先进制造业并举［N］．人民日报，2015-05-21.

［171］夏秋，胡昭玲．制造业投入服务化能提高全要素生产率吗——基于成本和风险的视角［J］．当代财经，2018（7）：99-111.

［172］徐美娜、彭羽．外资垂直溢出效应对本土企业出口产品质量的影响［J］．国际贸易问题，2016（12）：119-130.

［173］徐振鑫，莫长炜，陈其林．制造业服务化：我国制造业升级的一个现实性选择［J］．经济学家，2016（9）：59-67.

［174］许和连，成丽红，孙天阳．制造业投入服务化对企业出口国内增加值的提升效应——基于中国制造业微观企业的经验研究［J］．中国工业经济，2017（10）：62-80.

［175］亚当·斯密．国富论（英文版）［M］．北京：中央编译出版社，2012.

［176］闫云凤，赵忠秀．中国在全球价值链中的嵌入机理与演进路径研究：基于生产链长度的分析［J］．世界经济研究，2018（6）：12-22.

［177］闫云凤．全球价值链的嵌入机制与演进路径研究——基于中美生产链长度的比较［J］．经济学家，2018（2）：93-99.

［178］闫云凤．中日韩在全球价值链中的地位和作用——基于贸易增加值的测度与比较［J］．世界经济研究，2015（1）：74-80.

［179］杨连星，张秀敏，王孝松．反倾销如何影响了出口技术复杂度？［J］．中国经济问题，2017（5）：64-75.

[180] 杨玲. 生产性服务进口贸易促进制造业服务化效应研究 [J]. 数量经济技术经济研究, 2015 (5): 37-53.

[181] 尹伟华. 全球价值链视角下中国制造业出口贸易分解分析——基于最新的 WIOD 数据 [J]. 经济学家, 2017 (8): 33-29.

[182] 尹伟华. 中国制造业产品全球价值链的分解分析——基于世界投入产出表视角 [J]. 世界经济研究, 2016 (1): 66-75.

[183] 余淼杰, 李乐融. 贸易自由化与进口中间品质量升级——来自中国海关产品层面的证据 [J]. 经济学 (季刊), 2016 (2): 1011-1028.

[184] 余淼杰, 张睿. 中国制造业出口质量的准确衡量: 挑战与解决方法 [J]. 经济学 (季刊), 2017, 16 (2): 463-484.

[185] 余珮. 美国再工业化背景下中美制造业嵌入全球价值链的比较研究 [J]. 经济学家, 2017 (11): 88-96.

[186] 袁征宇, 郑乐凯, 王清晨. 中国制成品出口技术含量测度及其跨国比较研究——基于贸易增加值前向分解法 [J]. 当代财经, 2018 (2): 105-114.

[187] 张宝友, 肖文, 孟丽君. 我国服务贸易进口与制造业出口竞争力关系研究 [J]. 经济地理, 2012 (1): 102-108.

[188] 张杰, 翟福昕, 周晓艳. 政府补贴、市场竞争与出口产品质量 [J]. 数量经济技术经济研究, 2015 (4): 71-87.

[189] 张洋. 政府补贴提高了中国制造业企业出口产品质量吗 [J]. 国际贸易问题, 2017 (4): 27-37.

[190] 张幼文. 从廉价劳动力优势到稀缺要素优势——论"新开放观"的理论基础 [J]. 南开大学学报 (哲学社会科学版), 2005 (6): 1-8.

[191] 赵燕梅, 吴云霞. 科技资源匮乏区域政府质量与企业创新驱动战略的关系研究 [J]. 长春金融高等专科学校学报, 2022 (3): 62-72.

[192] 赵燕梅, 祝滨滨, 吴云霞. 全球价值链中贸易增加值的测度与比较——以中国、俄罗斯、印度三国贸易为例 [J]. 金融发展研究, 2021 (1): 63-68.

[193] 郑休休, 赵忠秀. 生产性服务中间投入对制造业出口的影响——基于全球价值链视角 [J]. 国际贸易问题, 2018 (8): 52-65.

[194] 郑玉, 戴一鑫. 全球价值链背景下制造业投入服务化对产业国际竞争力的提升效应——基于跨国-行业面板数据的经验研究 [J]. 财经论

丛，2018（10）：3-10.

[195] 周彩红. 产业价值链提升路径的理论与实证研究——以长三角制造业为例 [J]. 中国软科学，2009（7）：163-171.

[196] 周大鹏. 制造业服务化研究、成因、机理与效应 [D]. 上海：上海社会科学院博士学位论文，2010.

[197] 周娟美，崔粉芳，吴云霞. 基于熵值法的山西高校科技创新绩效评价研究 [J]. 未来与发展，2021，45（9）：101-112.

[198] 周念利，郝治军，吕云龙. 制造业中间投入服务化水平与企业全要素生产率——基于中国微观数据的经验研究 [J]. 亚太经济，2017（1）：138-146.

[199] 周升起，兰珍先，付华. 中国制造业在全球价值链国际分工地位再考察——基于 Koopman 等的 "GVC 地位指数" [J]. 国际贸易问题，2014（2）：3-12.

[200] 朱小明，宋华盛. 目的国需求、企业创新能力与出口质量 [J]. 世界经济研究，2019（7）：13-28.

[201] 祝树金，段凡，邵小快，钟腾龙. 出口目的地非正式制度、普遍道德水平与出口产品质量 [J]. 世界经济，2019（8）：121-145.

[202] 邹国伟，纪祥裕，胡晓丹，胡品平. 服务贸易开放能否带来制造业服务化水平的提升？[J]. 产业经济研究，2018（11）：62-74.

附 录

附表 1　中国各制造行业 GVC 前向参与度

年份	2000	2001	2002	2003	2004	2005	2006	2007	2008	2009	2010	2011	2012	2013	2014
C10～C12	0.031	0.029	0.033	0.039	0.045	0.051	0.056	0.057	0.056	0.048	0.049	0.048	0.047	0.046	0.047
C13～C15	0.091	0.089	0.104	0.115	0.134	0.137	0.142	0.130	0.125	0.106	0.120	0.127	0.117	0.120	0.123
C16	0.093	0.087	0.096	0.115	0.138	0.162	0.173	0.164	0.154	0.114	0.131	0.134	0.132	0.130	0.132
C17	0.137	0.133	0.149	0.156	0.162	0.168	0.173	0.171	0.169	0.143	0.165	0.176	0.178	0.176	0.179
C18	0.131	0.128	0.143	0.145	0.147	0.151	0.157	0.156	0.150	0.128	0.143	0.148	0.143	0.135	0.136
C19	0.162	0.152	0.157	0.190	0.209	0.202	0.205	0.202	0.204	0.149	0.167	0.169	0.159	0.157	0.157
C20	0.166	0.170	0.192	0.212	0.238	0.252	0.266	0.264	0.255	0.193	0.221	0.223	0.205	0.200	0.205
C21	0.036	0.039	0.047	0.061	0.071	0.073	0.091	0.099	0.090	0.083	0.086	0.073	0.064	0.059	0.058
C22	0.179	0.172	0.193	0.212	0.239	0.269	0.287	0.283	0.253	0.197	0.220	0.221	0.215	0.212	0.212
C23	0.073	0.073	0.089	0.094	0.103	0.110	0.108	0.098	0.097	0.072	0.087	0.089	0.093	0.095	0.092
C24	0.161	0.145	0.161	0.181	0.223	0.212	0.233	0.224	0.213	0.142	0.162	0.166	0.156	0.156	0.163
C25	0.144	0.145	0.167	0.199	0.229	0.263	0.273	0.274	0.255	0.181	0.200	0.200	0.182	0.182	0.183

续表

年份	2000	2001	2002	2003	2004	2005	2006	2007	2008	2009	2010	2011	2012	2013	2014
C26	0.184	0.189	0.213	0.247	0.248	0.254	0.276	0.262	0.264	0.260	0.277	0.266	0.248	0.269	0.270
C27	0.144	0.146	0.165	0.174	0.190	0.197	0.212	0.209	0.193	0.164	0.177	0.176	0.175	0.178	0.185
C28	0.073	0.076	0.084	0.097	0.109	0.121	0.137	0.155	0.148	0.109	0.130	0.138	0.127	0.127	0.131
C29	0.069	0.070	0.078	0.080	0.099	0.111	0.123	0.137	0.120	0.073	0.086	0.084	0.079	0.079	0.081
C30	0.083	0.085	0.096	0.089	0.110	0.124	0.123	0.121	0.123	0.075	0.064	0.068	0.058	0.060	0.071
C31~C32	0.072	0.069	0.078	0.089	0.110	0.114	0.126	0.121	0.129	0.118	0.121	0.132	0.139	0.140	0.159

附表 2　中国各制造行业 GVC 后向参与度

年份	2000	2001	2002	2003	2004	2005	2006	2007	2008	2009	2010	2011	2012	2013	2014
C10~C12	0.071	0.069	0.076	0.090	0.104	0.104	0.106	0.106	0.103	0.081	0.093	0.096	0.088	0.083	0.074
C13~C15	0.165	0.163	0.176	0.185	0.196	0.187	0.178	0.166	0.150	0.117	0.133	0.132	0.116	0.112	0.101
C16	0.125	0.116	0.126	0.143	0.155	0.167	0.167	0.169	0.153	0.121	0.148	0.153	0.134	0.136	0.132
C17	0.142	0.131	0.138	0.160	0.184	0.193	0.188	0.193	0.184	0.153	0.179	0.188	0.169	0.163	0.156
C18	0.130	0.116	0.121	0.140	0.164	0.177	0.172	0.171	0.161	0.134	0.155	0.158	0.143	0.140	0.130
C19	0.148	0.142	0.158	0.194	0.245	0.249	0.256	0.259	0.270	0.229	0.268	0.298	0.287	0.268	0.239
C20	0.177	0.167	0.179	0.208	0.244	0.249	0.249	0.245	0.235	0.195	0.221	0.229	0.214	0.204	0.184
C21	0.099	0.092	0.097	0.111	0.128	0.137	0.135	0.136	0.126	0.102	0.114	0.119	0.106	0.101	0.092
C22	0.177	0.167	0.180	0.210	0.244	0.253	0.253	0.250	0.229	0.189	0.214	0.215	0.192	0.183	0.167
C23	0.123	0.113	0.120	0.143	0.171	0.182	0.180	0.177	0.180	0.146	0.172	0.178	0.167	0.162	0.145

续表

年份	2000	2001	2002	2003	2004	2005	2006	2007	2008	2009	2010	2011	2012	2013	2014
C24	0.154	0.138	0.143	0.177	0.210	0.216	0.215	0.219	0.223	0.193	0.225	0.238	0.234	0.237	0.209
C25	0.157	0.142	0.150	0.179	0.199	0.200	0.196	0.196	0.192	0.166	0.190	0.199	0.189	0.193	0.168
C26	0.298	0.292	0.323	0.366	0.386	0.386	0.392	0.410	0.382	0.320	0.336	0.327	0.311	0.306	0.279
C27	0.180	0.167	0.177	0.214	0.241	0.240	0.243	0.250	0.234	0.201	0.225	0.229	0.215	0.216	0.190
C28	0.151	0.143	0.154	0.187	0.212	0.217	0.215	0.219	0.208	0.178	0.202	0.204	0.192	0.190	0.169
C29	0.145	0.136	0.142	0.182	0.212	0.214	0.217	0.218	0.198	0.164	0.179	0.183	0.170	0.165	0.149
C30	0.172	0.166	0.175	0.204	0.226	0.228	0.228	0.227	0.219	0.187	0.207	0.212	0.200	0.193	0.173
C31~C32	0.116	0.107	0.114	0.126	0.137	0.133	0.132	0.136	0.128	0.105	0.123	0.127	0.114	0.119	0.111

附表 3 中国各制造行业 GVC 位置

年份	2000	2001	2002	2003	2004	2005	2006	2007	2008	2009	2010	2011	2012	2013	2014
C10~C12	-0.037	-0.038	-0.041	-0.048	-0.055	-0.049	-0.046	-0.045	-0.044	-0.031	-0.041	-0.045	-0.038	-0.034	-0.026
C13~C15	-0.066	-0.065	-0.063	-0.061	-0.053	-0.043	-0.031	-0.031	-0.021	-0.009	-0.011	-0.004	0.001	0.007	0.019
C16	-0.029	-0.026	-0.027	-0.025	-0.015	-0.004	0.006	-0.004	0.001	-0.007	-0.015	-0.017	-0.002	-0.005	0.000
C17	-0.005	0.002	0.009	-0.004	-0.019	-0.021	-0.012	-0.018	-0.013	-0.008	-0.011	-0.010	0.008	0.011	0.020
C18	0.001	0.010	0.020	0.004	-0.014	-0.022	-0.014	-0.013	-0.010	-0.005	-0.010	-0.009	0.000	-0.004	0.005
C19	0.012	0.009	-0.001	-0.003	-0.030	-0.038	-0.041	-0.046	-0.053	-0.067	-0.083	-0.105	-0.105	-0.092	-0.068
C20	-0.010	0.003	0.011	0.003	-0.005	0.003	0.013	0.015	0.016	-0.002	0.000	-0.005	-0.008	-0.003	0.018
C21	-0.059	-0.050	-0.047	-0.046	-0.052	-0.057	-0.039	-0.034	-0.033	-0.017	-0.025	-0.042	-0.039	-0.039	-0.032

续表

年份	2000	2001	2002	2003	2004	2005	2006	2007	2008	2009	2010	2011	2012	2013	2014
C22	0.001	0.004	0.010	0.001	-0.004	0.013	0.026	0.026	0.020	0.007	0.005	0.005	0.019	0.025	0.038
C23	-0.046	-0.037	-0.028	-0.044	-0.060	-0.062	-0.063	-0.069	-0.073	-0.067	-0.075	-0.078	-0.066	-0.060	-0.048
C24	0.007	0.006	0.015	0.003	0.011	-0.003	0.015	0.005	-0.009	-0.044	-0.053	-0.060	-0.065	-0.067	-0.039
C25	-0.011	0.002	0.014	0.016	0.024	0.051	0.062	0.063	0.051	0.013	0.008	0.001	-0.006	-0.009	0.013
C26	-0.092	-0.084	-0.087	-0.091	-0.105	-0.101	-0.087	-0.111	-0.090	-0.047	-0.045	-0.047	-0.049	-0.029	-0.007
C27	-0.031	-0.018	-0.010	-0.034	-0.042	-0.035	-0.025	-0.034	-0.034	-0.031	-0.040	-0.045	-0.034	-0.031	-0.005
C28	-0.070	-0.061	-0.063	-0.079	-0.089	-0.082	-0.066	-0.054	-0.051	-0.061	-0.061	-0.056	-0.056	-0.055	-0.033
C29	-0.068	-0.060	-0.057	-0.090	-0.098	-0.089	-0.080	-0.069	-0.067	-0.081	-0.082	-0.087	-0.081	-0.076	-0.061
C30	-0.079	-0.072	-0.069	-0.101	-0.099	-0.088	-0.090	-0.091	-0.081	-0.100	-0.126	-0.126	-0.126	-0.118	-0.091
C31~C32	-0.040	-0.036	-0.032	-0.034	-0.024	-0.018	-0.005	-0.013	0.001	0.012	-0.002	0.004	0.022	0.019	0.042

附表 4　中国各制造行业 GVC 生产分割长度

年份	2000	2001	2002	2003	2004	2005	2006	2007	2008	2009	2010	2011	2012	2013	2014
C10~C12	1.961	1.904	1.873	1.990	2.044	2.198	2.282	2.316	2.386	2.525	2.486	2.479	2.606	2.643	2.681
C13~C15	2.216	2.166	2.072	2.105	2.129	2.179	2.258	2.350	2.466	2.735	2.607	2.607	2.747	2.803	2.838
C16	3.213	3.173	3.069	3.139	3.261	3.429	3.533	3.534	3.504	3.662	3.541	3.595	3.648	3.762	3.745
C17	3.686	3.647	3.626	3.770	3.868	4.067	4.109	4.152	4.165	4.308	4.242	4.237	4.315	4.373	4.388
C18	3.321	3.296	3.272	3.272	3.305	3.469	3.489	3.497	3.479	3.588	3.580	3.608	3.693	3.752	3.783
C19	4.023	3.952	3.882	3.997	4.014	4.195	4.243	4.294	4.269	4.317	4.253	4.280	4.359	4.411	4.418

续表

年份	2000	2001	2002	2003	2004	2005	2006	2007	2008	2009	2010	2011	2012	2013	2014
C20	3.879	3.791	3.704	3.773	3.801	3.968	4.027	4.073	4.138	4.276	4.210	4.249	4.363	4.424	4.432
C21	2.216	2.148	2.112	2.229	2.280	2.383	2.442	2.489	2.413	2.409	2.315	2.280	2.299	2.323	2.335
C22	3.544	3.501	3.427	3.438	3.447	3.540	3.591	3.634	3.681	3.826	3.791	3.812	3.855	3.942	3.954
C23	2.829	2.727	2.632	2.618	2.640	2.755	2.734	2.725	2.726	2.747	2.731	2.768	2.801	2.858	2.842
C24	3.854	3.786	3.664	3.655	3.691	3.810	3.826	3.849	3.799	3.751	3.713	3.731	3.775	3.863	3.858
C25	3.139	3.076	2.969	2.980	3.026	3.151	3.222	3.284	3.227	3.262	3.209	3.217	3.233	3.335	3.341
C26	2.344	2.396	2.312	2.348	2.409	2.579	2.581	2.401	2.407	2.687	2.920	3.009	3.037	3.164	3.176
C27	2.787	2.760	2.712	2.603	2.589	2.685	2.726	2.814	2.772	2.810	2.846	2.870	2.875	2.962	2.984
C28	2.549	2.561	2.532	2.520	2.487	2.535	2.649	2.766	2.681	2.654	2.681	2.725	2.649	2.759	2.776
C29	2.806	2.785	2.788	2.611	2.444	2.503	2.579	2.755	2.599	2.563	2.616	2.556	2.489	2.587	2.613
C30	2.137	2.219	2.142	2.040	2.000	2.083	2.075	2.137	1.998	1.954	1.905	1.892	1.875	2.003	2.060
C31~C32	2.342	2.298	2.160	2.075	1.766	2.075	2.264	2.097	2.037	2.260	2.206	2.234	2.217	2.323	2.337

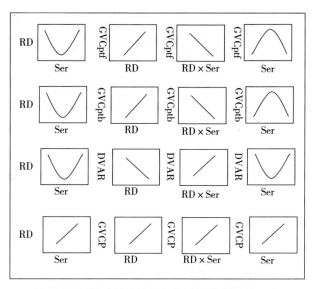

附图 1　制造业投入服务化通过研发创新（RD）影响制造业 GVC 参与度、GVC 位置和 DVAR 关系

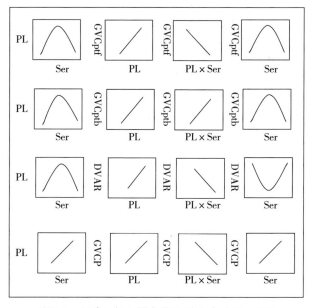

附图 2　制造业投入服务化通过生产分工（PL）影响制造业 GVC 参与度、GVC 位置和 DVAR 关系

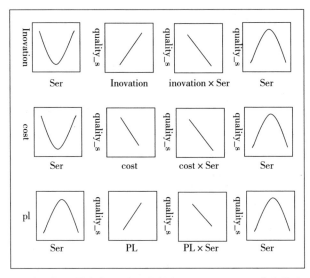

附图 3 制造业投入服务化通过研发创新（inovation）、成本效应（cost）和生产分工（PL）影响制造企业出口产品质量关系